国家社会科学基金项目"农村最低生活保障制度的推进政策研究"（结题号：20150030）、辽宁省社会科学基金重点课题"相对贫困的新内涵与长效机制构建研究"（立项号：L19WTA033）和一般课题"健康保障链式衔接的精准扶贫研究"（立项号：L19BSH007）

Study on Livelihood Assistance for Rural Poor People
Based on the Minimum Living Security System

农村贫困人口的生活救助

基于最低生活保障制度的视角

王海燕 邵祥东 著

中国社会科学出版社

图书在版编目（CIP）数据

农村贫困人口的生活救助：基于最低生活保障制度的视角/王海燕，
邵祥东著.—北京：中国社会科学出版社，2020.12
ISBN 978 - 7 - 5203 - 8462 - 9

Ⅰ.①农…　Ⅱ.①王…②邵…　Ⅲ.①农村—社会保障制度—
研究—中国　Ⅳ.①F323.89

中国版本图书馆 CIP 数据核字（2021）第 092674 号

出 版 人　赵剑英
责任编辑　林　玲
责任校对　石建国
责任印制　李寡寡

出　　版　中国社会科学出版社
社　　址　北京鼓楼西大街甲 158 号
邮　　编　100720
网　　址　http://www.csspw.cn
发 行 部　010 - 84083685
门 市 部　010 - 84029450
经　　销　新华书店及其他书店

印　　刷　北京君升印刷有限公司
装　　订　廊坊市广阳区广增装订厂
版　　次　2020 年 12 月第 1 版
印　　次　2020 年 12 月第 1 次印刷

开　　本　710×1000　1/16
印　　张　14
字　　数　189 千字
定　　价　78.00 元

目　录

第一章　绪论

一　问题意识

近年来，随着我国城市居民最低生活保障制度（下称"城市低保制度"）的日臻完善，农村居民最低生活保障制度（下称"农村低保制度"）对农村贫困人口的生存保障也发挥着不可或缺的作用。生活救助一般是指政府对用于对城乡低保、特困人员供养、临时救助、流浪乞讨人员救助、孤儿和困境儿童及艾滋病病毒感染儿童基本生活保障等支付的最低保障制度。本研究中所指的生活救助主要还是最低生活保障制度。

从最低生活保障制度演变的历程可以看出，"最低生活保障"的制度性概念最早出现在农村地区的社会救助工作中。1990 年，山西省首次在实践层面上提出了类似的政策性概念。20 世纪 90 年代中期，我国正式确立城市低保制度，农村居民最低生活保障问题又再次被提出。1996 年，农村社会保障制度的建设被民政部明文规定，提出农村贫困人口按最低生活保障标准进行差额补助的制度，保障资金由地方各级政府财政和村集体分担的筹资原则。此后，部分省市整体推进了"城乡最低生活保障制度建设"的政策设想。2003 年，全国已有 15 个省2037 个县市建立了农村低保制度，救助对象 404 万人，约占农业人口

0.4%，累计支出低保资金 8 亿元。[①] 以后农村低保制度覆盖范围逐渐扩大，国家财政转移支付力度被加强。由于部委的多头管理，农村低保制度和农村特困户救助制度出现了"双轨并行"的发展局面。

2004 年 9 月份召开的中国共产党十六届四中全会提出了构建社会主义和谐社会和建设社会主义新农村两大战略任务，这些方略充分调动了地方政府积极性，农村低保制度建设驶上快车道。2004 年的提法是"有条件的地方，要探索建立农村最低生活保障制度"；2005 年的提法是"积极探索"，即"探索"之前被加上了"积极"两个字；2006 年的提法是"逐步建立"，进一步提高了制度健全的战略等级。当年全国就有 2133 个县（市）建立农村低保制度，保障对象囊括了 777.2 万户的 1593.1 万人。未建立农村低保制度的县（市），用农村特困户救助制度救助了 775.8 万人，五保供养人数 503.3 万人。[②] 2007 年，国务院明确要求建立农村最低生活保障制度，提出统筹发展城乡最低生活保障制度，标志着公民生存权和社会的公平与正义被国家所重视。

根据民政部网站 2007 年到 2018 年[③]各年度社会事业统计公报显示，从 2007 年开始在全国范围内推进农村最低生活保障制度，使全国范围内县以上被农村低保制度所保障的低保对象和财政资金投入逐年增加，人均保障标准和保障水平逐年提升（见表 1-1）。

表 1-1　　　2007—2018 年全国县以上农村低保情况

年份	低保对象户数（万户）	农村低保人数（万人）	财政累计支出（亿元）	月人均保障标准（元）	月人均保障水平（元）
2007	1608.5	3566.3	109.1	70.00	38.80
2008	1982.2	4305.5	228.7	82.30	50.40
2009	2291.7	4760.0	255.1	100.84	68.00

---

① 唐钧：《城乡低保制度：历史、现状与前瞻》，《红旗文稿》2005 年第 18 期。
② 《2018 年民政事业发展统计公报》，网址：http：//www.mca.gov.cn/article/sj/tjbg/。
③ 到撰写研究报告之日，《2018 年民政部社会事业发展统计公报》为最新统计数据。

续表

年份	低保对象户数（万户）	农村低保人数（万人）	财政累计支出（亿元）	月人均保障标准（元）	月人均保障水平（元）
2010	2528.7	5214.0	445.0	117.00	74.00
2011	2672.8	5305.7	667.7	143.20	106.10
2012	2814.9	5344.5	718.0	172.30	104.00
2013	2931.1	5388.0	866.9	202.83	116.00
2014	2943.6	5207.2	870.3	231.42	129.00
2015	2846.2	4903.6	931.5	264.8	147.21
2016	2635.3	4586.5	1014.5	312	—
2017	2249.3	4045.2	1051.8	358.4	—
2018	1901.7	3519.7	1056.9	402.78	—

资料来源：2007—2018年各年度民政事业发展统计公报，http://www.mca.gov.cn/article/tjbg/。

从表1-1看出，2007到2018年，国家和地方各级政府逐年加大农村低保对象农村低保资金的投入力度。除2015年到2018年保障家庭户数与保障人数上逐年下降外，其余各年度保障家庭户数、保障人数、财政保障金支出、保障标准和保障水平均是逐年攀升的，可见农村低保的保障成效与保障水平。

另外，据民政部时任社会救助司司长米勇生撰文介绍：2007年，国家财政首次安排农村低保补助资金30亿元；2008年补助资金达到90亿元，增长了200%；2009年，国家财政安排农村低保补助资金216亿元，增长幅度达到140%；2010年，国家财政安排农村低保补助资金269亿元，在上一年基础上再次大幅增长。[1] 民政部发布的《2018年民政事业发展统计公报》数据显示：全国有1901.7万余户的3519.7万人享受了农村低保救助，2018年农村低保金累计支出1056.9亿元，农

---

① 米勇生：《我国农村社会救助事业的发展》，《行政管理改革》2010年第7期。

村最低生活保障月均保障标准402.78元/人。① 图1－1、图1－2、表1
－2的数据显示：政府作为对贫困人口救助的责任主体，发挥着不可或
缺的作用，从数据的增加值看是刚性增长的。

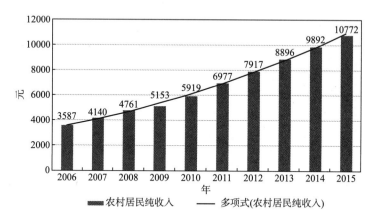

图1－1　2006—2015年度农民年人均纯收入

数据来源：国家统计局2006—2015年各年度《国民经济和社会发展统计公报》，图表
为笔者根据国家统计局网站数据整理制作。网站：http：//www. stats. gov. cn。②

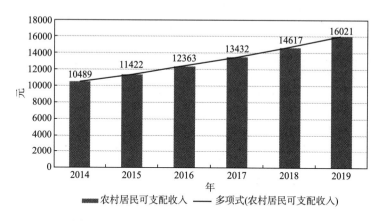

图1－2　2013—2019年度农村居民可支配收入

数据来源：国家统计局2013—2019年各年度《国民经济和社会发展统计公报》，图表
为笔者根据国家统计局网站数据整理制作。网站：http：//www. stats. gov. cn。

---

① 民政部《2018年民政事业发展统计公报》，民政部门户网站：http：//cws. mca. gov. cn。
② 此图根据2006—2015年各年度《国民经济和社会发展统计公报》中农民人均纯收入
整理所得，因缺少2016—2019年农民人均纯收入的相关数据，故整理了图1－2 "2013—2019
年度农村居民可支配收入"加以对比。

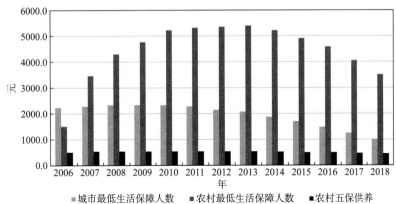

图 1-3　2004—2018 年城乡社会救助情况

数据来源：民政部门户网站发布的 2006—2018 年各年度《社会服务发展统计公报》，网址：http://www.stats.gov.cn/tjsj/zxfb/201902/t20190228_1651265.html。

表 1-2　　　　　　2009—2018 年城乡低保救助人数　　　　　单位：万人

指标	2009 年	2010 年	2011 年	2012 年	2013 年	2014 年	2015 年	2016 年	2017 年	2018 年
城市最低生活保障人数	2347.7	2311.1	2276.8	2143.5	2064.2	1877	1701.1	1480.2	1261	1008
农村最低生活保障人数	4759.3	5228.4	5305.7	5344.5	5388	5207.2	4903.6	4586.5	4045.2	3520
农村五保供养人数	554.3	554.9	551	545.6	537.2	529.1	516.7	496.9	466.9	455
总计	7661.3	8094.4	8133.5	8033.6	7989.4	7613.3	7121.4	6563.6	5773.1	4983

数据来源：民政部门户网站发布的 2009—2018 年各年度《社会服务发展统计公报》。网址：http://www.stats.gov.cn/tjsj/zxfb/201902/t20190228_1651265.html。

表 1-3　　　　　　农村居民收入及贫困人口救助标准

年度	国家统计局数据				民政部统计数据		
	农民纯收入（元）	农村居民纯收入中位数（元/人）	年末农村扶贫对象（万人）	农村扶贫标准（元/年）	农村低保对象人数（万人）	农村人均低保标准（元/年）	农村五保供养人数（万人）
2008	4761↑	—	4007	1196	4291.0	2068	548.6
2009	5153↑	—	3597	1196↑	4759.3↑	1718	553.3

续表

年度	国家统计局数据				民政部统计数据		
	农民纯收入（元）	农村居民纯收入中位数（元/人）	年末农村扶贫对象（万人）	农村扶贫标准（元/年）	农村低保对象人数（万人）	农村人均低保标准（元/年）	农村五保供养人数（万人）
2010	5919↑	—	2688	1274↑	5228.4↑	1404	556.3
2011	6977↑	6194	12238↑	2300↑	5305.7↑	1718↑	551.0↓
2012	7917↑	7019↑	9899↓	2300	5344.5↑	2068↑	545.6↓
2013	8896↑	7907↑	8249↓	2300	5382.1↑	2434↑	538.2↓
2014	9892↑	9497*①↑	7017↓	2300	5207.2↓	2777↑	529.1↓
2015	10772↑	10291*↑	5575↓	2300	4903.6↓	3177.6↑	516.7↓
2016	12363*②↑	11149*↑	4335↓	2300	4586.5↓	3744.0↑	496.9↓
2017	13432*↑	11969*↑	3046↓	2300	4045.2↓	4300.7↑	466.9↓
2018	14617*↑	13066*↑	—	—	3495.5↓	4953.1↑	449.6↓

数据来源：笔者根据国家统计局网发布的2008—2018年各年度《国民经济和社会发展统计公报》数据以及民政部门户网发布的2008—2018年各年度《社会服务发展统计公报》数据整理制作。

    2007年我国开始全面推动农村最低生活保障的制度（见图1-3），到2018年末，我国的贫困攻坚重点工作扎实推进，城乡救助贫困人口（城市低保、农村低保、五保供养③）总数已经由救助人口最多的时期（2011年末达8133.5万人）降低到目前的4983.0万人（表1-2），2011年末救助人数（8133.5万人）约占全国总人口（134735万人）的6.04%，2018年末救助人数（4983.0万人）约占全国总人口（139538万人）的3.58%，2011年到2018年7年间救助人数下降

---

    ① 自2014年起国家统计局不再公布农村居民纯收入中位数，因此2014年及以后的"农民纯收入中位数"数据一栏以农村居民人均可支配收入中位数替代。

    ② 自2016年起国家统计局不再公布农民纯收入，因此2016年及以后的"农民纯收入"数据一栏以农村居民人均可支配收入替代。

    ③ 农村五保供养是指老年、残疾和未满16周岁的村民，无劳动能力、无生活来源又无法定赡养、抚养、扶养义务人，或者其法定赡养、抚养、扶养义务人无赡养、抚养、扶养能力的村民，在吃、穿、住、医、葬方面得到的生活照顾和物质帮助。

2.46%；2011 年末农村救助人口为 5856.7 万人，农村救助人口占农村总人口（65656 万人）的 8.92%；如果去掉五保供养人口 551 万人，农村低保救助率也达到 8.08%。[①] 2018 年末农村救助人口为 3975.0 万人，农村救助人口占农村总人口（56401 万人）的 7.05%；如果去掉五保供养人口 455 万人，农村低保救助率也达到 6.24%。可见，仅 2011 年到 2018 年的 7 年时间里，脱贫攻坚带来的变化使得我国农村低保制度救助人数在逐渐缩小。虽然 2013 年到 2018 年低保救助人数逐年下降（表 1-2），但救助标准并未下降（表 1-3），可见我国低保救助力度正在逐年攀升，并取得一定的成效。

表 1-3 显示的 2018 年我国农村居民的年人均纯收入的中位数是年人均 13066 元，如果比照国家民政部发布的 2018 年农村低保对象年人均保障标准 4953.1 元，农村低保对象的保障标准仅占纯收入中位数的三分之一左右（37.9%）水平，毋庸置疑，农村低保救助标准是偏低的。另外，农村贫困人口和农村五保供养人口 2011 年以后呈逐渐减少的趋势，低保救助人口呈增加之势，说明政府加大了低保救助的财政投入力度，但从 2017 年扶贫对象人口数量 3046 万人来看，当年低保救助人口为 4045.2 万人，五保供养人口为 466.9 万人，二者合计为 4512.1 万人，也就是说，农村低保及五保救助人口数已经超过扶贫对象人口数。

从农村扶贫对象减少的规模趋势和低保救助增加的规模趋势看，扶贫对象减少的规模远远高于救助人口增加的规模，表明我国农村扶贫政策初见成效，低保制度救助贫困还要加大力度。应该说：农村低保制度从制度推进层面看是值得肯定的，但从保障效果看是不容乐观的。我们认为：我国仅农村就有如此大规模的贫困人口存在，说明政

---

① 数据来源：国家统计局网站发布的 2011 年与 2018 年《国民经济和社会发展统计公报》，网址：http：//www.stats.gov.cn/tjsj/tjgb/ndtjgb/。

府救助压力大和责任重是显而易见的。那么，如何继续推进低保制度和如何从制度层面完善制度架构是值得我们探讨的重要内容。

表1-4 2007—2017 农村五保供养情况

年份	五保供养家庭数（万户）	五保供养人数（万人）	财政累计支出（亿元）	集中供养		分散供养	
				供养人数（万人）	年均保障标准（元/人）	供养人数（万人）	年均保障标准（元/人）
2007	499.2	531.3	63.00	138.0	1953.0	393.3	1432.0
2008	521.9	548.6	71.00	155.6	2176.1	393.0	1624.4
2009	529.4	553.4	88.00	171.8	2587.5	381.6	1842.7
2010	534.1	556.3	98.10	177.4	2951.5	378.9	2102.1
2011	530.2	551.0	121.70	184.5	3399.7	366.5	2470.5
2012	529.2	545.6	145.00	185.0	4060.9	360.3	3008.0
2013	—	537.2	172.30	183.5	4685.0	353.8	3499
2014		529.1	189.8	174.3	5371	354.8	4006
2015	—	516.7①	210	162.3	6025.7	354.4	4490.1
2016		496.9	228.9	—	—	—	—
2017		466.9	269.4	—	—	—	—
2018	—	455.0	306.9	—	—	—	—

数据来源：民政部网站《社会事业统计公报》，2007、2008 年财政支出为笔者计算得出。

根据表1-4，可以计算出五保供养人员的年人均标准是2018年是6745元。② 2018 年的贫困线是2300 元③，2018 年农村低保平均保障标准为402.78 元/人·月④，说明被救助的农村低保人口，其年收入依然处于贫困线以下，五保供养人口的救济标准则高出了贫困线。所以，

① 从 2015 年起五保供养对象改为特困人员；2016 年、2017 年及 2018 年不区分集中供养与分散供养。

② 表1-4，五保供养财政救济支出为306.9 亿元除以五保供养人员总数（集中供养和分散供养人口之和）为455.0 万人，计算出五保供养人员年均收入约为6745 元。

③ 2018 年民政部及国家统计局均未对贫困线的数据进行公布，因此本文沿用多年以来贫困线最高的 2017 年数据。

④ 数据来源：2018 年民政事业发展统计公报．全国农村低保平均保障标准 4833.4 元/人·年，文中农村月低保平均保障标准数据根据作者整理得到。

农村五保供养人口的救济达到了扶贫的目的。

其实，自低保制度初创以来，我国农村低保制度经过不断改进、完善和规范建设，从试点发展到全覆盖，在城乡经济社会统筹发展中发挥了重要作用。但是，由于"城乡二元化"发展格局的长期延续，加上其他各种致贫因素的交互影响，我国农村贫困人口数量仍很庞大，农村贫困人口的贫困程度仍很深重，其生存与发展权利还没有得到有效保障，农村贫困问题依然十分突出。此外，农村低保制度设计还存在诸多问题，如资金保障严重缺乏、标准制定尚显粗陋、对象认定不够准确、与相关制度间的界限不清等等，这些问题阻碍了农村低保工作的全面推进。而且，由于农村低保制度在实施中，往往因各地区人们生活水平不同，人口结构不同、收入不同，有些农村地区甚至不具备落实政策所需的基本工作条件，致使工作效率低下，制度效能受到很大限制。这些对今后在实践中继续探索并寻找出合理解决办法，切实发挥农村低保制度实效，有效保障农村贫困人口生存与发展权利，都提出了现实要求。这不仅为理论学者指明了研究方向，而且也成为政府健全农村低保制度的重点。

为了促进农村低保制度的建立和发展，本研究重点对目前农村低保制度建设在制度技术方面的若干问题进行探讨和分析，以对我国农村扶贫工作指定相应的政策。对此，研究将依托于课题组力所能及的调查，为如何有效识别农村最低生活保障对象，使农村最低生活保障制度真正做到"应保尽保"，这既是一项原则性和技术性很强的工作，也是积极稳妥推进农村居民最低生活保障制度亟待解决的首要问题。

从研究的意义来看：

1. 研究具有政策意义。要实现在全国范围建立农村低保障制度这一战略目标，首要且基础性的工作，应是努力设计一个既适合我国国情和农村社区特点，也遵循国际社会救助原则的社会救助制度的框架。

本研究作为基础建设的一部分，通过对农村低保的对象识别、保障水平、资金筹集、组织建设和制度衔接等问题的探讨，力图使我国农村低保制度进入全面推进的新阶段。从此意义上说，本研究具有重要的政策内涵和实际功效。

2. 研究具有学术价值。本研究用贫困广度和深度指标测量贫困，即广度指标测量贫困发生率和救助贫困人口规模，用深度指标测量贫困人口贫困差距，用贫困的相对指标测算财政承受压力；倡导用家庭收入核实与群众民主评议相结合的方法弹性识别农村低保对象，明显有别于现行城市低保制度，在境外社会救助领域也不多见。用生活形态法，即将家庭收入和支出状态、金融储蓄和资产状态做主要核查指标，将劳动意愿和扶养亲属的有无作为参考指标来核定低保对象，并将其扩展到城市，对改进低保工作的针对性（瞄准机制），将具有重要的意义。

此外，在政策制定过程中强化社区居民的广泛参与，不仅有助于增强低保对象对政策的责任感和认同意识，而且低保对象参与本身也是一种增权的过程，对政策可持续发展做学术铺垫。

二 相关文献研究成果综述

（一）国外相关研究综述

当前，世界上许多国家都建立了低保救助制度，尤其是发达国家一般都把生活保障制度当作社会救助制度来实施，并且没有城乡相互独立的社会救助制度。这是与我国的低保救助模式的不同之处。

二战后，欧洲各国实行的福利国家制度，使各国的贫困问题得到缓解。贫困救助一般多采取相对贫困的方法来衡量贫困，国际贫困标准就是采用比例法和生活形态法来计算的。20世纪末发达国家对贫困问题的研究，已经将贫困的内涵从单一的物质贫困向"缺乏说""能力说""剥夺说"及"排斥说"转变,社会救助政策也将主要解决物质贫困到偏重于保障贫困者的社会权利,乃至社会融合的转变。世界银行在《1990年世界发展报告》中提到,要迅速改善穷人生活状况和政治参与状况,最有效的途径是从两方面来实行减贫战略:一是寻求一种能将穷人劳动力有效投放于生产建设的发展模式,二是广泛地向穷人提供基本的社会服务,特别是初等教育、卫生保健等,前者是提供机会,后者是提高穷人利用机会的能力。① 所以,借鉴发达国家或地区的社会救助制度的研究成果,对进一步完善我国低保制度无疑具有重要理论价值和现实意义。

1. 关于贫困线及其测量的指标体系问题研究

基本生活法的概念,最早是由 Towensend 提出,② 之后 Mack & Lan-Sley 加以完善并提出相对的剥夺指标(Relative Deprivation Scale)的标准,用生活形态法的指标构成来确定发达国家的救助标准。③ 根据 Towensend 提出的相对剥夺指标包括了12个变量60个基本生活需求指标,他通过进行的个人及家庭是否拥有这些"基本需求"的状况,把那些不拥有这些"基本需求"的指标汇集成变量,Towensend 具体分析了指标和收入的关系。研究发现,在一定收入水平以下的人,相对被剥夺的指标迅速上升④。

① 世界银行:《1990年世界发展报告——贫困专题》,中国财政经济出版社1991年版。

② Towensend. P. (1979),*Pouerty in the United Kingdom*,Allen Lae and Penguin Books.

③ Mack,J. and Lansley,S.(1985)*Poor Britain*,*Allen and Unwin.* 所谓生活形态法即先从人们的生活方式、消费行为等"生活形态"入手,提出相关贫困居民生活形态的问题,然后选出若干剥夺指标,及某种生活形态中舍弃某种方式、行为,再根据这些剥夺指标即被调查者的实际生活状况确定哪些属于贫困者,他们被剥夺的需求、消费和收入,进而得到贫困线,即最低生活保障线。

④ 这种方法被许多国家使用过,如瑞典的学者就确定了低保标准不存在临界值的(Gordon,2000b).日本的学者平冈公一(2001)用东京23区对老年人调查的数据,设计了5个变量(社会参与、信息采集、人际关系网、社会资本、居住环境、住宅内的设备拥有情况)分别设定了2个指标,然后进行统计汇总,形成了日本版的剥夺指标模型。然而由于样本数据过少,没能确认出临界值。

对这项研究加以批判的学者认为基本需求法是研究者又一选择的指标，缺陷是"贫困、剥夺"的变量设定的指标并没有穷尽。Gordon认为：如人们拥有的生活方式、习惯、个人嗜好、兴趣、偏好上每个人的"必需品"未必是他人的"必需品"。①

为了应对上述批判观点，Mack & Lansley，以及之后的 Gordon & Pantazis 又提出：把居民的社会中位数收入或平均收入的50%为确定值，使用相对剥夺指标作为生活的"必须指标"。这个概念被使用的背景是，社会每个人都有各自不同生活的选择权，所有的公民都享有收到最低生活保障的权利。对此，Gordon & Pantazis 也做了简洁的说明。

英国在1983年曾经做过的一项生活保障标准调查，得到社会公共舆论的广泛认同，调查结论认为：落入最低生活保障标准线以下的人就是贫困对象。最低生活标准，不仅包括食品指标，还要有社会责任、社会参与等指标。

Gordon & Pantazis 最早使用"最低生活保障标准"的概念。阿马蒂亚·森从广义上评价了这一标准，被称为"社会评价指标"，他认为贫困人口的自由与社会参与的机会，因能力上的欠缺导致其无法增加收入，各种社会智慧的匮乏也是贫困人口没有工作能力进而增加个人收入。② 运用这种方法的调查主要有：1983年的 Breadline Britain 调查③，1990年的 Breadliine Briitain 调查，1999年的贫困和社会排斥（Poverty and Social Exclusin）调查等被广泛应用。④

如何判断确定贫困，上述学者最终以生活形态法来确定贫困对象，这一方法的确定思路就是先按照生活方式、消费行为这些"生活形

---

① Gordon, D. & Pantazis, C. (1997) *Bresdline Brtain in the* 1990*s*, Ashgae Publishing.

② Sen Amartya (1987) "The Standa of Living Lecture II, Lives and Capabilities" in, Hawthorn, G. (ed.) *The Standard of Leving* (*The Tanner*), Cambridge University Press.

③ Mack, J. and Laasley, S. (1985) *Poor Britain Allen and Unwin*, 1990年的 Breadliine Briitain (Gordon, D. & Panatazis, C. (1997) *Breading Britain in the* 1990*s*, Ashgate Publishing.

④ Gordon, D. & Panatazis, C. (1997) *Breading Britain in the* 1990*s*, Ashgate Publishing.

态"，提出一系列相关贫困者生活形态的指标，再选出若干排斥贫困者受助的排斥指标，再根据这些排斥指标来确定被调查者哪些属于贫困者，他们被排斥的需求、消费取向和收入状况，从而计算出贫困线，也就是最低生活保障线。

2. 关于对低保制度引发的社会问题进行的探讨

近年来，关于生活保障的效果问题，国外除了学者的关注，即便是一般的公民对其也十分重视，甚至有一些公众舆论则认为，最低生活保障导致了财政的紧缩，受救助的人数减少。甚至一些国家的国民也出现了反对低保制度，从客观层面批判低保制度的负面影响。

近年来最低生活保障制度实施中出现了一些受保障人数相对增加，甚至著名的艺术家的母亲也在接受救助的现象，导致日本国民厌恶受助者及对制度的危机感增加。对不当施救的同时，人们开始指责那些有一定收入能力却申请救助的行为加以指责，认为这些受救助家庭被称为"税金的强盗"，被视为触犯法律的罪人。对此，社会上出现了如下质疑：一是受助对象并不是当前这么多，增加的现象是不当施救，即是"低保对象问题"及"资格审查不严"问题；二是低保对象的剧增，是社会保障支出增加，导致财政危机，以及低保费浪费多，即是"财政规模和不当给付"问题；三是比起退休后继续工作的老人、接受低工资收入或养老金收入的人，给予低保对象高标准救助金反映的是社会的不公平，即"保障标准"问题；四是低保救助会削弱低保对象的劳动意愿，有劳动能力却不愿意去找工作，即"工作动机"问题。上述因素，导致了低保人数、低保费用、保障标准及工作动机等问题。

日本学者埋桥孝文从另一角度提出了不同的观点，他认为：低保对象并不像大家认为的那么多，保障对象偏重老人并没有得到改变，受助人口在日本（2012 年）仅占贫困者的 1.65%（日本的贫困率为 15.7%），比起瑞典（2009 年）4.5%、德国（2009 年）8.2%、法国

5.7%、英国 9.27%、美国有子女的贫困家庭的临时救助是 1.43%、补充营养救助 23.05%、低收入的残障者和老人 2.49%[1]等国家的受助率，日本属于救助率低的国家。

此外，对低保实施的效率问题，应从收入与储蓄的角度来衡量，即低保对象的捕捉率，从经济学领域，日本学者桥木俊诏从水平效率看，那些有救助资格的人口中，实际上被保障的有多少？是否做到了应保尽保？从垂直效率看，受救助对象中真正有资格受救助的人所占的比例是多少？上述水平效率和垂直效率需要探讨是否还需要设定个测定"指标"的问题？所以从效率来看即需要针对"漏助和滥助"问题进行讨论。[2] 其实救助资格完全符合要求是不可能的，那么设定的指标就需要思考，要核实家庭的收入、储蓄和拥有资产等金融信息外，还要看是否有劳动能力、扶养的亲属有无、医疗服务是否过度利用等问题也应该是测量的指标。

针对受助对象激增是否会引发财政危机的问题，埋桥认为，从日本厚生省 1992—1998 年的统计数据看，不当施救件数占救助对象的比例不超过总数的 2%，不当救助的额度不超过低保救助总额度的 0.3%，说明不当救助的比例极低。而从低保对象是否过度利用医疗服务的问题是社会的误判，埋桥认为尽管生活保障费用的支出近一半用于医疗救助，但实际上并没有出现过度利用医疗服务的现象。[3]

关于贫困线衡量方法，日本 1966 年以前是采取的绝对贫困的测量法，即标准生计法、市场菜篮子法、恩格尔系数法，之后依据国际贫

---

① 资料来源于日本厚生劳动省统计情报部（2012）《平成二十三年国民生活基本调查的概况》。http：//www.mhlw.go.jp/toukei/saikin/hw/k-tyosa/k-tyosa11/index.html）。OECD 2006 年确立的贫困标准，贫困率日本式 15.7%、瑞典是 6% 德国是 14.4（EU）、法国是 7.1%、英国是 16%（EU）、美国是 17.1%。EU 标准的中位数是 60%。救助率和贫困率数据来源于埋桥孝文（2013 年）著《生活保护》（日文）：25p。

② ［日］桥木俊诏：《セーフテイネット經濟学》，日本经济新闻社 2000 年版。

③ ［日］埋桥孝文：《生活保護》（日文），ミレルウア书房 2013 年版，第 38—40 页。

困线即相对贫困线的测定方法，采用了比例法，1984 年开始使用生活
形态法之后，日本社会保障审议会每五年进行一次检验，结论是生活
保障的标准是适度的。从田岩·岩永进行的低收入者生活状态调查看，
因居住费、医疗费、储蓄型保险费用的上涨，导致生活费用上涨，低
保标准也自然提升，人们认为的"理想的最低生活"比现行的生活保
障线标准还要高，说明现有的贫困线水平并不高。①

对质疑低保救助是否会削弱劳动者就业意愿问题，通过比较灵活
就业人员的最低工资和低保救助标准，安部玉田认为二者均因所处地
域不同，收入额度也大不相同，二者均不受就业率的高低影响。即灵
活就业人员的最低工资比低保标准高，则就业意愿强。② 玉田大竹通过
与美国救助制度做比较研究后认为，是日本的"勤劳控除制度"直接
影响了低保对象的就劳意愿。③

综上所述，埋桥认为日本社会低保救助人数没有出现过多的现象，
救助对象增加也并不会导致财政危机，救助的标准也不够高，救助并
不会引发救助对象就业意愿削弱。④

3. 关于低保救助的运行模式研究

低保救助模式问题，L. Demel 和 Schul 将低保救助分为英国式制度
模式、欧洲大陆式完全分化模式、北欧福利国家的补缺模式、拉美国
家的不完全分化型拉丁式模式等四种。Gough 等学者根据运行机制又把
OECD 国家的低保救助分为澳大利亚和新西兰的选择性福利模式、美国
的公共援助模式、英国、爱尔兰和加拿大的部分省的完整安全网的福

① ［日］田岩正美、岩永理惠：《ミニマム·インカム·スダンダード（MIS 法）日本
の最低生活費試算》，《社会政策》4（1），2012：61－70。
② ［日］安部由纪子、玉田桂子：《最低賃金·生活保護の地域差に關する考察》，《日
本勞動研究雜誌》，2007：563、31－47。
③ ［日］玉田桂子、大竹文雄：《生活保護制度は就勞意欲を阻害しているか アメリカ
の公的扶助制度との比較》，《經濟研究》，50 卷 3 号，2004：1－25。
④ ［日］埋桥孝文：《生活保護》（日文），ミレルウア書房 2013 年版，第 21—34 页。

利模式、德国、法国、比利时和卢森堡等国家的二元低保救助模式、挪威外的斯堪的纳维亚国家和荷兰等国家基于公民权的补缺型救助模式、南欧和土耳其等国家的初级救助模式、挪威、奥地利和瑞士各国家的地方自主决定救济模式、日本中央自主决定救助模式等八大模式。Braithwaite、Grootaert 和 Milanovic 则依据救助水平、救助占贫困人口的覆盖率和保障程度，又将 5 个转型国家的救助模式分为波兰和爱沙尼亚的集中模式、匈牙利和俄罗斯的分散模式、保加利亚的落后模式等三类。①

4. 关于低保救助的社会福利政策效果分析

目前，国际上也把低保救助的功能分为生存维持和能力发展两种。生存维持功能是世界各国普遍认同的，它是指贫困线下的救助，适用于无劳动能力的贫困人口，是"输血式"救助。但是，对有劳动能力者来说，能力发展型救助就需要采用"造血式"救助功能。对此，国际上往往把提升受助对象的劳动能力的培训，以及制定发展性社会福利政策，以促进低收入人口的就业机会增加而实现自救自助作为主要对策。英国还将受助对象分为"需要救助"和"不需要救助"两种，无劳动能力则需提供收入性救助，有劳动能力则通过"以工代赈"的方式来提供发展性救助。② 美国也强调有劳动能力的受助者需要通过积极就业以换取救助资格，但这些"以工作换取救助"能否让受助者达到自立和脱贫，也与就业技能培训能否提升受助者的择业能力相关。③

---

① 黄晨熹：《社会救助的概念、类型和体制：不同视角的比较》，《华东师范大学学报》（哲学社会科学版）2005 年第 3 期。

② Ridge, T. and Wright, S. 2008. State approaches to poverty and social exclusion. in T. Ridge and S. Wright（eds.）*Understanding Inequality*，*Poverty and Wealth*：*Policies and Prospects*，Bristol：Policy Press.

③ Midgley, J., The United States：social security policy innovations and economic development. in J. Midgley and K. L. Tang（eds.）*Social Security*，*the Economy and Development*，Palgrave：Macmillan, 2008.

欧盟在进入21世纪后，实施了"国内行动计划"，其目标是促进受助对象的就业意愿以及保障贫困群体获得社会资本的能力，以防止社会排斥。[①] 拉美国家从20世纪90年代中后期就开始探讨如何避免贫困与贫困的代际传递问题，从人的全面发展及提升生活质量等方面寻求如何测量贫困等问题，提出了促进人力资本发展的理念。[②] 诸如美洲一些国家提出的"机会计划、家庭救助计划、人力资本计划"等，均是在探讨如何通过体现低保救助功能作用的社会福利政策使贫困人口脱贫并得到发展的政策。

（二）国内相关研究综述

从2004年开始，政府开始陆续建立农村低保制度，学者们也随之开始关注农村低保制度，到目前为止，研究已经取得了较为显著的成果，纵观已有研究成果，主要观点可归纳如下。

1. 关于保障标准和保障对象的研究

郑功成认为，我国财政完全具备支付贫困群体的能力，谈财政资金不足的问题的症结主要是财政分担责任不清的问题。"社会保障制度并不必然和一个国家或地区的经济发展水平相适应，它与政府的政策取向以及一个国家或地区的政治文化因素密切相关。"[③]

目前，我国政府层面还没有统一设定贫困的救助标准，一般县（市）都按照人均纯收入与生活费用相比较的方法确定最低生活保障标准，一个共同问题是保障标准的确定不够科学和规范、可操作性不强。农村低保标准制定问题，学者们观点主要包括：郭海青认为，以县为

---

① 杨立雄、陈玲玲：《欧盟社会救助政策的演变及对我国的启示》，《湖南师范大学社会科学学报》2005年第1期。

② Barrientos, A., Santibanez, C. New Forms of Social Assistance and the Evolution of Social Protection in Latin America, *Journal of Latin America Studies*, 2009, 41, (1).

③ 郑功成：《社会保障学——理念、制度、实践与思辨》，商务印书馆2005年版。

单位,大体相当于当地农民人均纯收入的 1/3,以应低标准全覆盖为目标。① 张时飞、唐钧认为,保障水平过低或地域相差过大,一般不能达到贫困人口的基本生活需要,自然达不到社会稳定的目标。② 王思斌认为,低保救助需要从规模效应层面考虑困难家庭对低保的刚性需求。③ Atkinson 也提出了 OECD 国家最低生活保障需求的公式:家庭人口数的最低生活保障需求(R)等于单身家庭最低生活保障需求(r)乘以受最低生活保障制度家庭人口数(N)的平方根,即 $R = r\sqrt{N}$。④

如何确定低保对象,财政部财政科学研究所"农村低保制度研究"课题组的结论是:用贫困人口的家庭成员结构、家庭收入水平、生活消费支出结构、贫困原因等变量,来确定被保障对象的条件与范围、审批程序进行。将农村最困难群体纳入最低生活保障范围,需要循序渐进,逐步使低于最低生活保障标准的人员能够"应保尽保"。⑤ 张时飞提出采用参与式贫富排序方法,来甄别农村低保对象,即依据社区对贫困的看法和定义,决定谁是社区最贫困者,并将社区中所有住户按贫富程度进行排序和分类。对识别农村低保对象的方法,提出该制度需要全面建立必要技术储备。⑥ 运用这一方法可以补充现行识别农村低保对象方式的不足。郑秉文认为,地方存在随意地选择对象的现象,一些农村中有地位和影响力的人得到了低保救助。也有的地方村干部

① 郭海清:《建立农村居民最低生活保障制度的最大难点与解决办法》,《经济师》2004 年第 1 期。
② 张时飞、唐钧:《辽宁、河北两省农村低保制度研究报告》,《东岳论丛》2007 年第 7 期。
③ 王思斌:《关于建立覆盖城乡居民社会保障体系的结构分析》,第二届中国社会保障论坛,2007 年 9 月。
④ 邓大松、王增文:《我国农村低保制度存在的问题及其探讨——以现存农村"低保"制度存在的问题为视角》,《山东经济》2008 年第 1 期。
⑤ 赵福昌:《农村低保制度研究》《经济研究参考》2007 年第 15 期。
⑥ 张时飞、唐钧:《积极稳妥推进农村低保制度建设的对策建议》,《红旗文稿》2006 年第 12 期。

责任心不强，将低保资金全村平均分发，或者轮流领取。[①]

韩克庆认为低保救助标准非固定的客观标准，生活水平的高低不同，对低保的需求标准和内容也不同。[②] 边恕提出了构建多层次需要的五阶梯给付标准[③]。杨翠迎提出将救助对象按照就业和非就业人口，分别设定救助标准。[④] 李春根提出了"指标代理法"，即在收入和消费基础上提出了贫困家庭及本省户指标量化法，与"民主听证"相结合；黄瑞琴提出将低保申请者按农户生计资产测量指标体系进行排序确定将谁纳入低保对象；杨立雄提出电子信息对比加民主评议，并加入农村特色的收入核算标准来确定低保对象。[⑤]

可见，农村低保标准和低保对象的确定不仅是理论性和技术性的问题，具体救助标准和救助对象应"因人、因地、因户、因事"注重计算"实物收入"和"支出型贫困"的收入与支出的标准确定。

2. 对农村低保制度责任主体问题研究

一是关于救助主体为政府的研究成果。关于政府的责任主体主要集中在资金筹集的研究。多数研究成果认为，各级政府是资金筹集和救助的实施主体。郭海清认为，从资金筹集来看，以县乡村为主、中央和省级财政给予补贴的资金筹集方式，客观上会把人口贫困的原因归咎于地方政府，自然不利于调动地方政府实施救助的积极性，因为越是贫困人口多的地方，财政支付能力就弱。村集体经济功能丧失后，农村贫困人口救助的责任无处追究，资金少自然会导致救助标准下降。

---

① 郑秉文、和春雷：《社会保障分析导论》，法律出版社 2001 年版，第 23 页。

② 韩克庆、郭瑜：《"福利依赖"是否存在？——中国城市低保制度的一个实证研究》，《社会学研究》2012 年第 2 期。

③ 2014 年 5 月边恕在北京举办的《中国社会保障 30 人论坛青年学者联盟论坛》会议上的发言。

④ 2013 年 11 月杨翠迎在武汉举办的第三届《中国社会救助研讨会暨中欧社会救助政策比较研究》会议论文成果。

⑤ 刘杰、鲁文静、李杨：《中国社会救助制度前沿问题——第三届中国社会救助研讨会暨中欧社会救助政策比较研讨会会议综述》，《社会保障研究》2012 年第 2 期。

农村税费改革后，乡、村两级负担的保障金因没有纳入农业税，使得乡村级保障资金无法落实。① 高梦滔、顾昕提出，福建实施的省一级财政根据地方人均财政收入以确定不同等级的补助比例，来体现公共服务财政支出的均等化问题。税费改革特别是取消农业税后，全国各地出现乡镇一级财政困难、县级财政捉襟见肘的状态。提倡财力相对雄厚的省级财政承担起更大的责任。通过农村低保筹资责任制度化，也确保了各级政府权责分明，可以有效防止基层政府盲目扩大福利提供②。何晖、邓大松利用层次分析方法，对中国2007—2008年的分省区农村低保制度的运行绩效进行评价。研究结论认为：尽管制度绩效整体水平有所提高，但离应保尽保的目标还存在一定差距。中央政府应加大财政投入，各地按照本地经济发展水平制定科学合理的最低生活保障线，并积极做好农村低保与扶贫政策的衔接。③

二是关于救助主体的多元化研究。2013年参加第三届《中国社会救助研讨会暨中欧社会救助政策比较研究》会议的学者和社会救助实务工作者提出了将政府的单一救助主体转化为多元的救助主体，如山东省微山县民政局张艳通过实证分析提出引入社会工作组织，注重救助中的人文关怀。全国总工会朱勋克主张工会介入困难职工群体的帮扶。辽宁慈善总工会郭挺建也提出慈善组织参与救助。④

3. 关于农村低保制度实施难点及对策研究

许多学者通过某一地区的个案调查研究，提炼出具有普遍性意义

---

① 郭海清：《政府在农村社会保障体系建设中的主导责任》，《河南社会科学》2008年第4期。

② 高梦滔、顾昕：《社会安全网与经济社会协调发展——福建农村最低生活保障制度的筹资与发展战略》，《贵州师范大学学报》（社会科学版）2006年第5期。

③ 何晖、邓大松：《中国农村最低生活保障制度运行绩效评价——基于中国31个省区的AHP法研究》，《江西社会科学》2010年第11期。

④ 刘杰、鲁文静、李杨：《中国社会救助制度前沿问题——第三届中国社会救助研讨会暨中欧社会救助政策比较研讨会会议综述》，《社会保障研究》2012年第2期。

的经验和教训。较具代表性的研究成果有：

唐钧、张时飞通过对辽宁、河北两省农村低保障制度的研究，从标准的测定、家庭收入、保障对象的确认、救助方式等方面加以描述，认为低保标准，绝对水平过低或相对水平（城乡）相差过大，则不能保障基本生活水平，起不到稳定社会的政策目标。[①] 朱明芬认为，浙江模式开拓了扶贫方式的新路径，但是存在组织保障缺乏、资金渠道单一、城乡差距较大、退出机制不健全等问题，需要从农村低保扩面升级、建立网络信息化服务、健全低保退出机制等方面，来解决其存在的问题。[②] 江治强提出了湖南省突破了贫困面大和财力不足等影响因素，从政策依据、财政资金、技术测算、管理平台方面所存在的问题，找出了可供借鉴的政策性经验。[③] 张秀兰、徐月宾、王韦华通过对农村低收入群体的贫困现状的调查和分析，提出了健全农村社会保障制度的政策建议。[④] 童星、王增文针对我国当前农村低保制度的标准划分单一、高估土地保障功能、忽视贫困群体物质需求等问题，提出了扩大政府专项支出、救助贫困边缘群体、完善低保配套项目、开展社会捐赠活动等措施。[⑤]

此外，2013 年 11 月武汉大学举办的第三届中国社会救助研讨会暨中欧社会救助政策比较研讨会上，讨论的焦点能够主要集中在支出型贫困、低保标准制定、低保对象目标瞄准、老年贫困群体、社会救助的特色组织、救助立法、反贫困国际经验等问题，说明中国的低保制

① 张时飞、唐钧：《辽宁、河北两省农村低保制度研究报告》，《东岳论丛》2007 年第1 期。
② 朱明芬：《浙江省农村最低生活保障制度的现状分析与思考》，《中共杭州市委党校学报》2005 年第4 期。
③ 江治强：《湖南省实施农村最低生活保障制度调查报告》，《调研世界》2007 年第9 期。
④ 张秀兰、徐月宾、王韦华：《中国农村贫困状况与最低生活保障制度的建立》，《上海行政学院学报》2007 年第3 期。
⑤ 童星、王增文：《完善农村低保制度的政策建议》，《农村工作通讯》2010 年第19 期。

度研究已经在研究内容和方法上更加规范和更具可操作性。

（三）国内外研究成果评述

综上所述，国外学者的研究成果，对无论救助标准和救助模式，中国与世界发达国家相比还处于较低水平，如对于如何通过社会救助来防止"社会排斥"、如何通过开展"就业福利"以促进失业者重新就业等问题的认识还有待提升；与一些拉美发展中国家将社会救助政策当作对贫困人口进行人力资本投资的举措相比，中国的低保救助也落后于人。目前，国外救助的目标定位也发生了从消除物质贫困到保障社会权利，再到进行社会融合的转变，越来越重视解决社会相对贫困、消除社会排斥及帮助受助者发展人力资本等问题，因此，多集中于如何提高救助手段的有效性，如何发展受助者的人力资本，如何避免受助者形成"福利依赖"，如何合理分担救助财政责任等方面。从上述成果说明，我国的低保政策的落实已经达到了法制救助、多元救助、服务救助、发展型救助的目的。

以上的研究成果由于主要集中在制度设计、救助内容及实施手段的研究，而对农村低保救助工作中的突出问题，如政出多门管理模式改革、社会救助的覆盖项目界定、救助叠加有损社会公平、救助资金如何转移支付、基层经办人员队伍建设、闹访和闹办问题、如何避免退保后重陷贫困、如何细化贫困人口临时救助办法、细化骗保人员处罚等实际问题，均鲜有可操作性的研究成果。此外，从制度的具体运作层面研究如何全面推进农村低保制度，现有研究成果着墨不多。

基于上述原因，课题的研究从具体制度层面上，将突出农村低保制度相关的制度衔接的研究；从政策层面突出地方性政策研究，落实在城乡接合部的政策协调研究；从技术层面突出在具体的低保对象的识别方法、低保标准的提高、专业管理机构及管理队伍的建设方面研究。研究的目的在于对已经全面推进的农村低保制度，在操作层面上更能体现社会公平和人文关怀，在制度执行上更具有可操作性。

三 研究思路及研究方法

课题的研究是农村最低生活保障的推进政策研究，从 2007 年国务院发文明确在全国范围内建立农村最低生活保障制度以来，每年财政投入力度不断加大，救助水平也得以不断地提高。最低生活保障制度得以推进的最大成效是把大规模的贫困人口纳入本书政策体系当中，不仅使社会得到稳定，而且制度得以深入人心，公民权得以保障，在政策落实的实践中让公平、公正的理念被全社会所领悟。本书着力在农村最低生活保障制度实施的现状、存在的问题及制度改进方向进行研究，研究既是对农村最低生活保障实施现状进行的分析，也是通过政策的诊断，探讨我国社会救助制度建构的方向，是描述性研究和解释性研究相结合的应用性研究成果。

（一）基本思路

1. 问题提出思路

（1）制度如何发展？政策如何导向？

通过总结最低生活保障制度的建立、发展，来总结归纳政策在制度发展过程中所起到的引领作用。

（2）政策怎样落实？问题怎样形成？

通过访谈民政干部，初步了解地方政策实施现状、问题，之后通过提炼关注内容，如低保标准的制定、低保资金的来源、运行的管理机构等问题，作进一步的问卷调查研究，对实证成果进行比较分析。

（3）问题形成原因？制度如何推进？

通过实证分析问题形成原因，通过对掌握资料的主观判断和政策的洞察力，解释制度发展的方向，提出政策改进的建议。

2. 研究内容框架构成

第一部分：宏观总括（第一章、第二章、第三章）

第二部分：实证分析（第四章、第五章、第六章）

第三部分：制度展望（第七章、第八章、第九章）

3. 研究成果的写作思路

研究概述（第一章）——制度概述（第二章）——政策与制度实施效果分析（第三章）——城乡低保推进政策的比较（第四章）——调查研究（政策调研＋城乡低保现状比较＋农村低保对象实证分析）——识别对象——制度探讨——制度展望。

4. 探讨的问题

（1）低保对象的识别方法

（2）低保标准确定的方法

（3）政府财政的转移支付

（4）管理工作队伍的结构

（5）救助内容及救助类别

（二）研究方法

本研究是具有描述式研究和探索式研究性质的成果。研究目的在于探讨全面推进我国农村低保制度的基本框架。为此，本研究主要采取深度访谈方法和数据分析的方法，梳理和整理相关数据资料，涉及综合的定量分析。调查从两个层面展开，并采用两种不同方法。首先，分别与市、县（区）、乡（镇）三级政府官员座谈，具体了解当地农村低保制度建立和落实情况。其次，运用焦点小组重点访谈村组干部、已享受农村低保待遇和未享受农村低保待遇的村民，详细讨论农村低保对象的识别方法及其局限。进而探讨在全国推进农村低保对策。研究通过微观到宏观的制度研究，自下而上的实地研究，不仅从制度层面和实践层面将研究上升到理论层面，还会充实现有的理论研究成果。

四　主要内容、重点难点及创新点

（一）主要内容

本研究重点研究的内容是：一是从制度内涵上探讨：保障对象？即农村低保对象识别；保障定位？即农村低保标准确定；保障财源？即农村低保资金筹措；如何确保服务有效递送？即农村低保组织建设；如何避免对象重复和缺漏？即农村低保救助制度的整合；二是从制度结构上探讨：并存低保与相关制度的衔接问题，城乡低保制度的统筹问题。

1. 科学合理地确定低保对象的方法

各地方政府使用收入确定低保对象的方法存在的问题：一是农村居民年人均纯收入难以准确评定。农民家庭收入和消费很难量化到同一个纲目（现金金额）上进行比较。农村低保对象以老人居多，赡养费计算颇为复杂和判断极为困难。二是基于年人均纯收入方法，方法不能完整地描述贫困家庭的内涵，众多家庭的贫困主要是出现支出型贫困的问题，所以将家庭收入调查、民主评议和资产评议的方法确定低保对象。

如何提高救助标准。从制度层面把好低保救助的入口关，借助中央财政持续提高低保救助转移支付的保障金，客观上会引领救助水平的提高，此外，还要尽快寻求稳定的资金筹措渠道。因各地低保资金筹措机制不同，问题的表现形式存在较大差异。有的省由于中央尚未安排农村低保资金，省财政仅能适当补助，特别是贫困地区市、县财政配套资金落实难。如果地方政府特别是省级政府给予配比配套资金，依靠政府的转移支付硬性提高救助标准，使救助人口不仅覆盖面更宽，救助水平也会提高。

2. 构建专业管理机构及管理队伍

重点是探索建立两个独立于政府的受托机构，即资产调查中心、社会救助经办机构，具体承办社会救助从救助申请、家计调查、资格审查、资金发放的管理工作。地方政府审批只设在市一级政府的民政管理部门，其主要负责落实中央政府制定的政策和制定地方救助政策，负责地方经办机构的资格审查、低保对象的资格审批、救助金和管理经费的拨付。资产调查中心和经办机构的资格由政府按一定标准认定，两个受托机构既接受政府监管和社会的监督，又独立于审批低保的行政部门。具体方法是中央政府统筹策划经办机构设立的实施方案，各市一级政府负责招募并委托社会保障经办机构承揽社会救助工作，政府严格审核有资格的社会保障专业工作人员，机构运转经费统一由政府按救助金的一定比例拨付。这样做的目的是避免政府部门单独设置自上而下的经办机构，减少管理成本，提高工作效率。

3. 探讨如何建立相关制度的衔接

研究了农村低保制度与残疾人的保障制度、与新型农村养老保险制度、城市低保制度、农村五保制度等的衔接问题。其次，在去户籍制度地区、城乡相结合地区，探讨了如何进行收入甄别、分层救助、制度衔接的问题。

（二）重点难点

1. 我国究竟有多少农村贫困人口？

由于统计方法和统计口径的差异，目前政府各涉贫职能部门掌握的农村贫困人口数字不一，至今未形成一个普遍认可的全国性数据。如，据国家统计局发布《国民经济和社会发展统计公报》的数据，与民政部公布的数据、扶贫办公布的数据均有一定的差异。通过本章表 1－3 我们可以看到，2010 年以前，国家统计局发布的农村贫困人口均少于民政部救助的农村低保人口，但2010年以后国家统计局通过设定农村贫困线，才使农村贫困人口多于农村低保救助人口，那么，农村贫困人口的相关数据按什么标准确定才能准确的计算出各地区的贫困线？县区以下的农村贫困人口究竟以哪个部门的数据为准，事关农村低保制度的规划和落实，也事关我国减贫资源的整合和减贫战略的制定与执行。

2. 保障标准提高到某一水平，群众评议方法的适用性如何？

在制度建立初期，各地的农村低保标准普遍偏低，群众评议方法凸显其独特优势。不过，待农村低保标准逐步提高到一定的水平后，对象之间的贫困差异明显缩小，在此种背景下，群众评议方法是否更多受宗族、裙带关系的影响，值得关注。

3. 制度间的衔接究竟如何程度上，多头管理的现象如何解决、由谁来解决？

各地方的经济发展水平的差距、城乡居民适用的社会保障制度的差异，以及如何体现保障的公平性等因素都将直接影响研究的结论。

（三）主要观点及创新

1. 国家应尽快出台制定实施社会救助行政法规。目前，我国农村低保制度建设，亟须国务院出台权威的法律法规，与城市低保救助统筹，与现有民政部门的临时救助、长期救助、分类救助等相关救助政策统筹制定社会救助法，使低保救助有法可依，通过分层救助实现国家统筹。尽快出台地方城乡居民最低生活保障制度细则，从制度层面彻底消除城乡二元的救助机构，在审批制度、低保金发放、政府救助资金配比、家庭人口统一核算上统一口径，以构建一体的低保制度框架。

2. 国家和省级政府在扩大财政的转移支付力度基础上，尽快统筹城乡最低生活保障制度，对困难地区的救助金应全额由中央政府投入，省级政府可通过提高专项救助金的救助额度，承担财政困难地区的主要救助资金，财政投入以中央和地方各占资金总量的 50% 为宜，市级政府的投入可单独在专项救助中。

3. 农村低保标准的调整机制至少应涵盖三个方面内容：一是统筹建立城乡居民最低生活保障制度，避免在制度安排上将救助标准固化成割裂城乡居民生活差距的方向标。二是农村低保标准应设定一个基本标准加上分类标准。基本标准是维持基本生存需要的标准，分类标准是根据低保对象致贫的原因分别设计的救助标准。另外，按区域地区经济状况阶梯式划分低保标准，对特殊困难群体制定无地域差别的分类救助原则、救助标准和救助水平。还有，把专项救助仅仅作为辅助救助，在具体救助项目和水平上尽可能统一。

4. 城乡低保制度的统一，就要先考虑救助标准的"同地域同标准的问题"，近年来城市低保救助对象救助标准提高，但实际接受救助的人数明显减少，可否考虑将本地区减少的城市低保救助的财政开支向农村低保救助进行转移支付，客观上或许也会达到提高农村低保救助标准，缩小城乡救助标准差异的效果。另外，也可以考虑制度一体化框架下的同地域内的阶梯式救助。

5. 对那些彻底丧失劳动能力的老年人口和残疾人口，国家应该将其符合作为获取低保待遇的贫困残疾人口，对那些达到 60 岁的老人可将其转到城乡居民养老保险之中获取养老金，其中统筹部分可按基础养老金给付老年人口，个人账户部分可按个人账户积累的额度加上一定比例的低保救助金。对没有个人账户积累的老年人口，可按低保标准的平均额度折算成个人账户养老金。对残疾人口，可在获得低保待遇之外，再增加一份符合残疾人生活需要的分类保障待遇，构建一个基本生存保障（低保）+补充的分类保障的生活保障体系，通过专门的福利项目来承担起这部分人口的全面保障责任，这不仅可以缓解低保制度的压力，又可以让贫困残疾人口的基本生活得到更加有效的改善，同时，也不挤占有一定劳动能力的贫困人口获取最低生活保障的资源和机会。

（四）研究不足

1. 以几个地区为代表的城乡最低生活保障制度的统筹构建的思路具有一定的局限性。尤其是由于时间、经济等方面的原因制约，在访谈的过程中存在着诸如经费问题、代表性问题、样本数量有限问题，自然导致样本与实际情况有所偏差。此外，国内有关城乡生活保障制度一体化方面的研究还不充分，所以，本研究对理论方面的支持还有待于进一步的改进。

2. 关于沈阳城乡结合地区的研究，尤其是低保制度实施过程中，如何把握对低保标准的制定以及对低保对象的确定的方法等问题都没有可参考的依据。本研究只是通过对沈阳城乡结合地区农村低保实施情况的访谈调查和问卷调查，对低保对象的动态管理进行的分析较为宏观。特别是样本规模只有327份，研究的结论缺乏代表性。此外，本书仅以沈阳的两个郊区为调查重点，所发现的问题以及提出的建议也只是代表沈阳地区，尚不能为辽宁省甚至全国的农村低保制度提供更切合实际的依据。

3. 中等城市辽宁丹东、河北邢台地区的调查研究，仅局限于政策实施的现状研究，基础数据资料还需要进一步完善。

4. 县级（湖南永兴）的贫困标准研究，未能对测贫指标体系结合调查数据进行更全面、深入和透彻的实证分析。在今后的研究工作中，需要更全面地收集资料数据，并在调查研究的基础上，进一步探求微观层面下测贫指标体系的具体应用，充实并丰富对农村贫困问题的研究内容。

由于本书的实证调查数据多集中在2009—2010年，相当部分研究成果多出现在研究参与者的论文之中，近三年的研究成果基本是政策和理论研究，研究报告的滞后性导致部分研究内容的时效性略有滞后，研究结论将有待于进一步充实。

本章结语

低保制度是社会救助的基础和核心，我国城市低保制度已基本成型，但农村低保制度还面临着诸多问题，如实施效果不理想，保障水平低、城乡制度分割，农村贫困问题仍然十分突出等。具体而言，农村低保制度的问题主要体现在保障标准的制定不科学、保障对象的认定不合理、保障资金责任分担欠妥、制度管理的规范性不足、与相关制度的界限不明等。如何改变农村低保制度不仅仅成为单纯意义上的制度全覆盖，而且还要使制度真正发挥出保障农村贫困人口生存与发展权利的政策效能，这就不仅要在推进农村低保制度的过程中有效解决问题，还需要为完善低保制度，特别是城乡统筹目标的最终实现做好各项必要的准备工作。

第二章 农村最低生活保障制度概况

本研究主要是从国家民政部和国家统计局官方门户网站发布的统计数据中，尽可能地把与农村贫困人口和最低生活保障相关的数据"剥离"出来。同时，也采用了农村最低生活保障课题组成员近年来所做的相关研究的一些调查数据，试图建立一个可以大致说明中国农村最低生活保障现状的概况并将其数量化分析。[①]

一 社会救助与最低生活保障制度

社会救助的主要目的是使个人或家庭在遭遇自然灾害、失去劳动能力及其他原因导致贫困时，在国家或社会组织的援助下使其脱离生存危机，进而达到缓和社会矛盾，维持社会秩序稳定的目的。作为社会保障制度的最后一道安全网，既体现了政府的责任，也维护了公民的权利。

目前，中国社会救助体系基本包括基本生活救助、专项救助、临时救助和补充救助，其中基本生活保障制度是社会救助的核心制度，还包括农村"三无"人员的五保供养，医疗、教育、住房、司法、就

---

① 本章内容为国家社科基金项目"农村最低生活保障制度的推进政策研究"课题组成员张时飞及唐钧的部分研究成果。

业等专项救助，灾害、流浪乞讨人员、见义勇为人员等的临时救助，社会互助、非政府组织救助及优惠政策等补充救助。[①] 可见，社会救助中政府不仅在认识上解决了"社会救助是公民的基本权利"的价值理念，政府也是各类社会组织进行社会救助的组织者和协调者，更是社会救助制度运行和资金提供的承担主体。最低生活保障制度主要是政府通过家庭收入调查，对低于低保标准以下的贫困人口实现现金转移支付的具有差额支付性质的社会救助制度。

最低生活保障标准（也称最低生活保障线，简称"低保线"）一般是由地方政府根据当地经济发展水平、人均可支配收入和基本生活消费需求等相关数据，依据基本需求模型测算所得。分为绝对贫困和相对贫困，目前我国的低保线属于绝对贫困线，作为比较客观的数据，一般是指满足社会成员基本生存需要的最低标准。我国的低保对象均是指那些家庭成员的人均收入被衡量为低于低保线以下的人口。低保线的测算及发布，均由政府为主导，具有规范性、权威性和强制性特征。低保救助是指差额救助，一般是指当地的低保线减去家庭成员人均收入的数值。人均给付水平是指低保对象平均得到的低保金，不等于贫困线。

纵观最低生活保障制度实施的现状，低保制度内容政出多门、制度碎片、城乡分割、配套体系缺失的问题随处可见。最低生活保障制度作为社会救助的核心制度，许多学者都从社会救助整合的视角来分析最低生活保障制度。林闽钢提出了将社会救助体系整合的目标设定为：多层次的"基础+分类"的救助体系。通过救助体系的整合、互联、配套等政策实现城乡救助制度的统一，通过制度全面整合实现多层次的救助集成。[②]

---

① 资料来源于林闽钢《社会保障理论与政策》，中国社会科学出版社 2012 年版，第 143 页。
② 文本概括引用了林闽钢《社会保障理论与政策》（第 146—148 页）的主要观点。

社会救助的"基础＋分类"体系，基本说明了社会救助的核心制度是最低生活保障制度。20世纪末以来，中央到地方政府作为社会救助的责任主体就全面进入了主导阶段。在救助理念上，实现了从传统施恩的救济到公民权救助的转变；在救助模式上，实现了从补缺型救助到普惠型救助的转变；在救助层次上，实现了从基本型救助到综合型救助的转变；在救助对象上，实现了从绝对贫困人口救助向相对贫困人口救助的转变。

我国在城市低保制度全面发展的同时，农村低保制度也有很大的发展。1996年民政部办公厅下发的《关于加快农村社会保障体系建设的意见》文件中规定：对均收入低于贫困线的家庭实行差额补助，保障资金由各级财政和村集体分担。2003年，全国就已有404万受助贫困人口。此后，全国各地区对农村低保制度的表现多体现在：以实施绝对贫困人口救助为主的低保救助；尽管对"三无老人"实施的"五保供养"说法不一，但实质上均具有低保救助的性质。

2003年，中央财政开始投入资金支持地方政府的农村医疗救助。2007年，国务院发布的《关于在全国建立农村最低生活保障制度的通知》，标志着政府的救助理念已经由传统的恩施救济开始转变到重视全体公民生存权的社会救助，为维护和促进社会公平与正义奠定了法律基础。2014年国务院颁布的《社会救助暂行办法》（以下简称《暂行办法》）第二章第九条规定："国家对共同生活的家庭成员人均收入低于当地最低生活保障标准，且符合当地最低生活保障家庭财产状况规定的家庭，给予最低生活保障。"《暂行办法》的颁布，说明了我国社会救助制度体系完全形成。

二　农村居民最低生活保障制度概述

农村低保制度与城市低保制度是如影相随的，但由于农村的社会与经济的环境与城市不同，既要借鉴又要有自己的对策，问题的关键是农村低保标准如何测算、家庭人均收入如何核算、农村低保对象如何确认，以及农村低保救助采取何种方式等均需要认真研究。

（一）农村最低生活保障标准的核定的问题

2007 年 7 月，国务院下发了《关于在全国建立农村最低生活保障制度的通知》（以下简称《通知》），规定要在全国持久、有效地解决农村贫困人口的基本生存问题。还规定，保障标准以贫困人口所必需的吃、穿、水、电等费用确定，在政府备案后公布执行。从图 2 - 1 可以看出，全国低保救助标准在 2007—2017 年呈上升趋势，说明低保救助标准由政府根据经济状况和生活状况适时调整的。从全面推进农村低保以来，十余年间全国农村低保标准由 2007 年的月人均标准 70 元（差额救助 37 元／人）到 2017 年的月人均标准 358.4 元（差额救助 215 元），救助标准提升了 5.12 倍，救助支出水平提升 5.8 倍，说明政府的财政投入对低保标准的提高起了决定性作用。

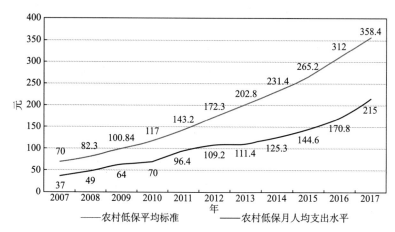

图 2 - 1　全国 2007—2017 年农村低保平均标准和救助水平①

数据来源：课题组依据民政部 2007—2017 年各年度 4 季度《全国社会服务统计数据》整理得出。

———————

① 2018 年和 2019 年《民政事业发展统计公报》中没有农村最低生活保障支出数据。

表2-1　　　　　　　2018年全国各地农村低保标准比较

地区	月平均低保标准	地区	月平均低保标准	地区	月平均低保标准
全国	202.8	浙江	351.9	重庆市	184.9
北京	513.8	安徽	189.3	四川	141.6
天津	370.2	福建	186.8	贵州	144.2
河北	164.1	江西	198.4	云南	146.6
山西	168.2	山东	185.6	西藏	138.2
内蒙古	253.2	河南	119.1	陕西	172.7
辽宁	210.4	湖北	137.6	甘肃	158.4
吉林	162.7	湖南	149.4	青海	164.3
黑龙江	157.4	广东	234.3	宁夏	134.3
上海	430.0	广西	123.9	新疆	139.3
江苏	359.7	海南	238.1		

数据来源：民政部网站（http://www.mca.gov.cn），2018年各省农村年人均低保标准计算到月的人均标准。

表2-1是2018年各省农村低保标准，从地域分布看，在全国人均低保标准以上的地区，29个省、自治区和直辖市有9个省超过了全国均线，仅占三分之一，说明我国各省级政府的财政资源不均衡和农村整体脱贫问题还比较严重。

（二）家庭人均收入的核算

农村居民家庭的收入一般指家庭成员的货币收入和实物收入，具体包括经营收入、劳务收入、养老金、保险金、补偿金，还有特许权使用收入、租赁收入、馈赠和继承收入，以及赡养费和扶（抚）养费、政府确定的其他收入。

目前农村低保与城市居民的收入核算相比，农村居民的收入核算比较难以操作，问题主要出现在如何将实物收入换算为现金收入，一般均按统计部门的农民人均纯收入和消费支出来计算农村低保家庭的各项收入。确定低保标准理论上往往参照居民消费价格指数增长率、农民纯收入增长率、财政收入增长率来计算，但地方政府因统计数据不统一，按财政转移支付额度确定指标，地方领导一锤定标准的现象也有出现。

（三）农村低保对象的确认

"公开、公正、公平"是农村低保制度实施的基本原则。法定程序为：

个人申请环节。即个人提交相关身体状况和家庭收入证明材料，通过村民委员会向乡镇提出申请。

初步审核环节。乡（镇）人民政府与村民委员会对申请对象进行家计调查和收入核实，之后通过民主评议和公示。

政府审定环节。一般为县民政局核实审批，再进行公示。

低保对象确定的环节为：申请→公示→审核→公示→批准。低保的审核程序重在基层，在实际工作中，民主评议被普遍使用，其可信度更容易被农村居民所接受，工作程序一般是 20 天（不包括公示的时间）。

三 最低生活保障制度作为社会政策的论争课题

随着我国最低生活保障制度的不断完善，我国社会救助政策的"国际标准化"也在加速。我国社会救助政策反映和关注的问题与国际社会政策研究界会越来越接近。下面对发达国家有关社会救助政策争论中的问题加以介绍。

（一）保障标准的确定和调整

保障标准的确定往往是较有争议的问题。由于欧美国家的社会救助的历史较长，一些国家往往采取定期调整的政策，定期调整的方法是通过物价指数或收入增长指数来测算。如果依据物价指数调整，物价增长往往低于收入增长速度，在经历一段时间后，保障标准会与居民收入拉开差距。争论经常集中在救助标准是否适度，即能否满足基本生活需要，使救助对象不落入贫困。

（二）社会排斥和贫困救助率

社会救助制度是否能够消除贫困的政策问题。许多贫困家庭尽管符合救助条件，但却尽可能不去申请救助。所以对使用率的研究往往在社会救助研究中不被提起，在一些不排斥接受社会救助的国家，社会救助使用率才相对高一些。

（三）援助主体的多元化及其贫困游说

一直以来，在社会救助与否的争论上，非政府组织在为贫困群体争取福利保障权利和政府救助方面做了大量的工作。英国的非政府组织促进政府重新对福利权利进行定义。新西兰的教会在政府的自由主义政策导致的严重失业和福利待遇降低、贫困群体不断扩大的情况下，教会组织撰写了大量的贫困问题研究报告，还借助教会组织的"食品银行"对贫困群体实施了经济援助。

上述的介绍多是一些如何救助的技术性争论。这些讨论都是在发达国家特有的意识形态和理论背景下进行的，直接受该国的社会、政治、经济背景所影响，所以，低保救助的社会影响因素是极大的。

四　我国农村低保制度实施现状及其困境

贫困人口的救助，我国采用了城乡最低生活保障的救助方式。中国的贫困人口中农村贫困人口占据绝大部分，可以说，低保制度在农村正发挥着稳定社会安全、彰显社会公平、公正的作用，各级政府为减轻贫困人口的生活压力，减少绝对贫困人口的规模做出了巨大的贡献。

根据民政部网站 2007 年到 2018 年各年度《社会服务发展统计公

报》显示①，从 2007 年开始在全国范围内推进农村最低生活保障制度，全国范围内县以上被农村低保制度保障低保对象和财政资金投入逐年增加，人均保障标准和保障水平逐年提升（见第一章的表 1 - 1）。

可以说，农村最低生活保障制度经过不断地推进、改进、完善和规范化建设，对中国农村社会经济发展起到了不可或缺的作用。作为一项社会政策也自然是优缺点并存。作为政策工具，随着我们对低保制度②的理解的不断加深，对制度的运用也逐渐自如。分析制度的优缺点我们可以得到如下结论：

（一）我国农村低保制度基本做到了应保尽保

1. 救助人数增加快，但救助比率有待提升

农村最低生活保障制度基本上做到了将有限的救助资金支付给最急需救助的人口。农村低保制度设计的家庭收入调查，即家计调查，保障对象一般是因为家庭收入低以至于基本生存都难以维持的农村绝对贫困人口，为避免保障金被滥用，救助的全过程均有严格的收入调查、行政审查和监督制度。

学术界和媒体常常从微观的角度指责政府保障标准过低。我们知道，低保救助一般是指差额救助，《社会救助暂行办法》第十条规定："最低生活保障标准，由省、自治区、直辖市或者设区的市级人民政府按照当地居民生活必需的费用确定、公布，并根据当地经济社会发展水平和物价变动情况适时调整。"第十二条规定："对批准获得最低生活保障的家庭，县级人民政府民政部门按照共同生活的家庭成员人均收入低于当地最低生活保障标准的差额，按月发给最低生活

---

① 资料为民政部《社会服务发展统计公报》，到撰写本书之日，2018 年为最新统计数据。

② 国际上一般称为"社会救助制度"，英文为 Social Assistance Scheme。

保障金。"①

根据国家统计局《2018年国民经济和社会发展统计公报》公布的数据显示：党的十八大以来，全国农村贫困人口累计减少8239万人。截至2018年末，全国农村贫困人口从2012年末的9899万人减少1660万人，累计减少8239万人；贫困发生率从2012年的10.2%下降至1.7%，累计下降8.5个百分点。仅仅经历了一年多的时间，就比2017年3046万人减少了1386万人②。一方面说明中国政府对农村贫困人口救助的覆盖面推进速度快，低保制度作为保障公民生存权利的普惠性得到充分展现，另一方面也反映出农村还有约三分之一的贫困人口生活在贫困线以下，这些没有得到救助的贫困人口并没有脱贫，基本生存仍然不能得到保障，他们的生存状态依然令人担忧。

2. 救助额度攀升快，但救助水平有待提高

首先，表1-1显示：从2007年开始每年财政累计支出不断攀升，由2007年的109.1亿元到2017年的1051.8亿元，2017年的时间政府财政资金投入就是2007年的9.64倍，说明政府的财政投入力度加大的速度之快。由于低保是差额救助，根据各年度第四季度的统计数据（为与图2-2做对比，重复添加图2-1，图表顺序以最近年度为先）显示：农村低保救助水平从2007年月均37元到2017年的月均215元，仅提高了5.18倍，远远低于政府的投入水平，其实，人均保障水平并不高。也就是说政府增加的财政支出，仅仅是在增加受助人口的规模效益上，保障水平提升的幅度还有待提高。

---

① 本规定为2014年颁布的《社会救助暂行办法》中的规定。
② 由第一章表1-3数据计算所得。

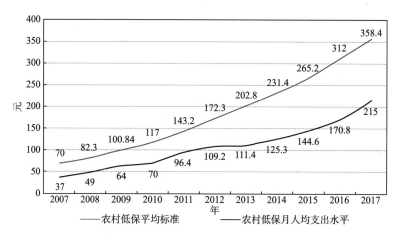

图 2 - 1　2007—2017 年度农村低保标准和月支出水平比较（元/人）①

数据来源：笔者根据民政部规划财务司发布的 2007—2017 年《4 季度全国社会服务统计数据》整理得出。

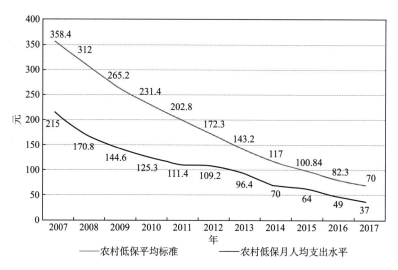

图 2 - 2　2007—2016 年全国城乡低保月平均救助标准（元/人）②

数据来源：笔者根据民政部规划财务司发布的 2007—2016 年《4 季度全国社会服务统计数据》整理得出。

---

①　2018 年和 2019 年《民政事业发展统计公报》中无农村最低生活保障支出数据。
②　2017 年、2018 年和 2019 年无农村五保供养平均标准（集中与分散）的数据。

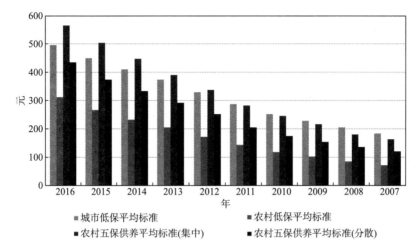

图 2 - 3　2008—2016 年全国城乡低保月人均支出水平（元/人）①

数据来源：笔者根据民政部规划财务司发布的 2008—2016 年《4 季度全国社会服务统计数据》整理得出。

其次，从图 2 - 2、图 2 - 3 显示的城乡贫困人口救助情况发现：农村五保集中供养人口的救助标准和财政支出水平，各年度比较均相对高于其他各类贫困人口，四类贫困人口②中农村低保对象的救助标准和救助水平最低，2008—2016 年 9 年间救助标准和救助水平均约增加 3 倍，这远远没有与政府财政投入的额度攀升速度快。

这里我们需要思考的是：低水平的救助是否可以起到稳定、彰显公平、公正的作用？民政部 2018 年最新发布的农村低保对象 3519.7 万人口中，其中，老年人（2079.3 万）和残疾人（466.3 万）占农村低保人口的 47.6%，说明接近一半农村低保对象没有劳动能力，即便拥有农村自耕地，维持自给自足的生活也很难做到，那么，低保救助的作用就显得十分必要了。

---

① 2017 年、2018 年和 2019 年无集中分散供养的数据。

② 城市贫困人口界定为低保对象，农村贫困人口主要包括五保集中及分散供养人口、农村低保对象。

3. 救助标准定位准，但救助范围有待拓展

农村低保救助的目标定位一般是指将稀缺的资源有效地分配给那些最需要提供基本生活帮助的农村贫困人口。目标定位的方法一般分为：类别定位，即具有老年人、残疾人、单亲、子女未成年等家庭特征来定义申请救助人口群体的类别，在此基础上有针对性地分配救助资源；财产定位主要是对申请者进行家庭收入和支出调查，以获得申请者的家庭收入水平和财富的拥有状况，进而甄别申请者的救助资格；需求定位主要是对申请者致贫的原因，即对支出型贫困进行救助定位以确定给付标准。① 本书一方面关注设定标准中的农村最低生活保障制度的救助标准、基本生活需要、动态管理问题，另一方面关注的寻标中的身份认定、生活水平认定、应保尽保问题。即设标和寻标的定位基本在于保障基本生存。如：目前我国农村现存的贫困人口，一是农村的孤寡残幼，二是贫困地区的人口，三是自然灾害频繁地区的人口。2011 年以后，对贫困人口的统计有了新的变化，即民政部的低保对象被算在扶贫人口中，农村居民的纯收入也按照中位数计算，所以，统计数据的可信度得到加强。可以说，低保救助对这些贫困人口救助定位准确，对那些不能保障基本生存的人口收入，按贫困线即贫困标准进行差额救助。表 1 – 3、表 2 – 1 能够发现到：2010 年以前我国农村年末扶贫对象均未超过 4000 万人，之后，尽管财政加大扶贫力度，但扶贫对象却有增无减，自 2011 年后，我国农村贫困标准提升到 2300 元，并以 2300 元作为扶贫标准持续至今，2011 年过渡到 2012 年，一年间仅提高 1000 多元就使我国农村扶贫对象人口一跃由原来的 2688 万人猛增到 1.2238 亿人，仅仅农村的贫困率就接近占全国总人口 9%。

---

① ［英］罗斯·马凯：《新西兰模式：收入调查性社会保障制度中的目标定位》，载［英］尼尔·吉尔伯特编《社会福利的目标定位》，郑秉文等译，中国劳动保障出版社 2004 年版，第 8—9 页。

2011—2013 年三年来，贫困人口始终在 8000—9900 万人之间上下徘徊，也正说明了收入低于贫困线以下、以及低收入的贫困人口规模之大，农村贫困问题的严峻之深。2014 年至今，我国农村扶贫对象正逐年降低，但扶贫标准并未下降。

表 2-2　　　　　　　　　　　农村贫困人口规模

年度	国家统计局数据				民政部统计数据		
	农民纯收入（元）	农村居民纯收入中位数（元/人）	年末农村扶贫对象（万人）	农村扶贫标准（元/年）	农村救助人口（万人）[1]	农村人均低保标准（元/月）	其中农村五保供养人数（万人）
2018	14617	13066	—	—	3974.1	402.8	449.6
2017	13432	11969	3046	2300	4512.1	358.4	466.9
2016	12363[2]	11149	4335	2300	5083.4	312.0	496.9
2015	10772	10291	5575	2300	5420.3	265.5	516.7
2014	9892	9497[3]	7017	2300	5736.3	231.4	529.1
2013	8896	7907	8249	2300	5925.2	202.8	537.2
2012	7917	7019	9899	2300	5890.1	172.3	545.6
2011	6977	6194	12238	2300	5856.7	143.2	551.0
2010	5919	—	2688	1274	5770.3	117.0	556.3

数据来源：国家统计局 2001—2018 年各年度《国民经济和社会发展统计公报》，民政部门户网发布的 2001—2018 年各年度《社会服务发展统计公报》。

此外，随着城镇化进展的速度加快，城乡接合部失去土地的农民几十年间形成的生活方式和生产方式发生了巨变，尽管土地换保障的呼声及政策的引导使农民得到经济补偿，但重返贫困的人口也屡见不鲜。如此大规模的农村贫困人口，对社会的最大影响就是"不稳定"。

---

①　数据来源：民政部各年度《社会事业发展统计公报》，农村贫困人口根据各年度农村低保人数与农村特困人员人数之和整理得到，网址：http://images3.mca.gov.cn/。

②　自 2016 年起，国家统计局不再公布农民纯收入数据，因此 2016 年及以后的"农民纯收入"一栏数据为农村居民人均可支配收入。

③　自 2014 年起，国家统计局不再公布农民纯收入数据，因此 2014 年及以后的"农村居民纯收入中位数"一栏数据为农村居民人均可支配收入中位数。

低保制度使位于贫困线以下的农村贫困人口重新有了一笔可领取的"稳定收入"，尽管额度少，但贫困家庭更安于基本生存救助。所以，低保救助的作用会让贫困人口在社会心理层面得到高于收入层面上的安慰。

（二）农村低保救助工作中的突出问题和难点问题

本研究关注的问题是：农村低保救助的对象范围？即低保对象之外的其他生活无着落的弱势群体是否该界定到救助范围内？救助标准是否只是定位在绝对贫困线？即救助标准的确定；救助的财源？即救助资金的筹措；如何确保服务有效递送？即避免政出多门，重在救助组织结构的建设；如何避免救助项目重复和缺漏？研究以上问题，旨在解决低保救助的突出问题，也成了本研究的主要内容及突破口。

1. 低保对象与其他救助项目对象范围的界定

低保制度与现行农村五保供养、外来临时人员救助、救灾救济、孤儿救助、留守儿童、流浪乞讨人员救助等要明确区分各自属于哪一类救助。农村低保制度和农村五保供养制度的对象是谁？实际工作形态如何？集中供养的五保对象是否该纳入农村低保救助范围？把"应保未保"的五保户纳入农村低保行列是否合理？是否该把所有五保户都囊括到农村低保制度中？实际上不应该把供养对象都当作低保对象。还有，低保救助和灾害救助制度，救助款物是否能够核算成家庭收入项目，许多省市就存在截然不同的规定。所以，细化救助对象和财政供养对象的界限从制度层面明确也就显得十分必要。

2. 以年收入和支出确定城乡统筹的救助标准

目前，各地制定的救助标准主要是基于年人均纯收入（城市依据的家庭月人均收入，农村依据的是上一年度家庭人均纯收入），低保救助实行的是差额救助。目前，关于家庭经济状况认定标准可借鉴上海市家庭收入的具体核算办法。关于救助标准的计算，城乡统一用上一年度家庭人均纯收入为基准，将全国按收入和支出水平划分为若干类区域，打破现有的无年龄差别式救助标准的办法。

3. 寻求稳定的转移支付资金的筹措渠道

因各地救助资金筹措机制不同，问题的表现形式有较大的差异。如河北省面临的最大难题是：市、县财政配套资金落实难。低保资金虽全部纳入了地方财政预算，由于低保资金主要由市、县财政负担，省辖57个国定、省定贫困县财政压力很大。但辽宁省的低保救助资金需要解决的问题是：可持续性的筹资主体是谁。沈阳市的低保救助资金一般由市级和区级财政来负担。但辽宁省经济发展不平衡，贫困地区财政配套资金严重不足，由于低保救助资金拨付比例进行转移支付的额度已经被固化。所以，提高低保标准和救助水平的工作难度较大。

4. 如何解决政出多门及闹访的行政执法问题

因政出多门（现有专项救助分属于不同政府部门）与救助制度的公平性相悖，制度规定不明晰与闹访闹办屡禁不止，农村社区低保家庭走访难度大与基层行政执法人员素质低、流动性大等问题，均会导致救助工作效率和社会公平难以彰显。那么，怎样科学整合实施救助的部门政策，如何让救助项目和信息更为一致，以提高救助工作效率和救助质量，解决多部门协作难、各自为政，重复救助以及引发的新的社会不公平问题。此外，闹访和闹办问题解决机制、国务院45号文件规定的三级终访制度下的继续上访问题的解决办法、基层经办人员的意外伤害险及工作待遇提高、明确细化骗保人员的处罚机制及刑事责任追究制度、低保行政执法队伍建设等问题都需要探讨解决办法。

本章结语

本章重点分析了农村低保制度与社会救助制度的区别、低保救助实施的效果和低保救助工作中所面临的突出问题和难点问题。研究发现：由于我国农村贫困人口规模庞大，贫困标准低，使得农村低保救助水平过低。此外，贫困的地区差异、城乡差距，制度衔接、管理整合等问题的出现均使农村低保工作的有效推进出现了制度性和管理性障碍，对此，课题研究将结合各地的实证调研的情况加以综合分析，以寻求有效的解决途径。

第三章　沈阳城乡最低生活保障
实施的政策分析①

　　沈阳市作为东北的经济、政治、文化中心和交通中心，也是辽宁省的省会所在地，总面积12980平方千米，下辖9区1市3县及2个国家级开发区。东与抚顺市相连，西与鞍山市、锦州市接壤，南与辽阳市、本溪市为邻，北与阜新市和铁岭地区毗连。以重工业装备制造著名，是东北老工业基地的代表城市。沈阳市人口规模见沈阳市户籍人口规模变化图（图3-1）、城乡居民户籍人口比较图（图3-2）。

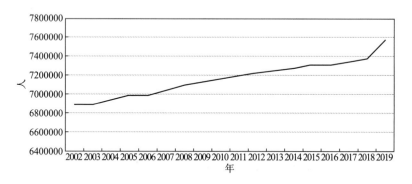

图3-1　沈阳市户籍人口规模变化图

　　数据来源：笔者根据2002—2019年各年度《沈阳市国民经济和社会发展统计公报》数据整理所得，沈阳市统计信息网：http：//www.sysinet.gov.cn/。

---

　　①本章是国家社科基金"农村最低生活保障制度的推进政策研究"中城乡最低生活保障政策调查的内容，主要由项目负责人与地方民政部门具体负责社会救助政策实施的工作人员共同调研并完成的调研报告内容。

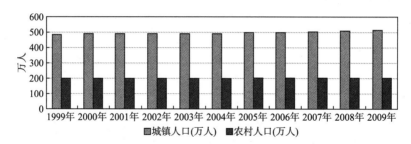

图 3 - 2　沈阳城乡户籍人口比较图①

数据来源：笔者根据 2002—2019 年各年度《沈阳市国民经济和社会发展统计公报》数据整理所得，沈阳市统计信息网：http://www.sysinet.gov.cn/。

从图 3 - 1、图 3 - 2 可以看出：沈阳市人口总规模 2003 年开始到 2019 年呈逐渐攀升趋势，其中 2003—2009 年城乡户籍人口规模变化并不明显，沈阳城镇人口稳中有升，平均约为农村人口的 2.5 倍。

沈阳市城市低保制度始于 1998 年，农村低保制度始于 2005 年。沈阳市作为东北的中心城市，为实现城乡贫困群体"同地域同待遇"的目标，沈阳市民政局也在城乡低保标准区域一体化上做了诸多的尝试性研究。沈阳市的调查研究构成主要是调查组在对沈阳市民政局召开了社会救助工作座谈会，对沈阳市实施最低生活保障的政策制定和具体工作人员者进行了调查；在辖区内两个县级市和两个城郊区分别对实施农村低保救助的民政部门、街道的民政专干、村干部以及对低保对象进行了访谈和问卷调查。研究主要集中在城乡低保实施现状、问题、对策等领域，围绕着低保政策及政策的实施进行实证分析。

一　沈阳城乡居民生活及低保救助情况

根据 2000—2019 年各年度《沈阳市国民经济与社会发展统计公报》发布的数据显示：2009 年沈阳常住人口 786 万人，户籍人口 716.5 万人，其中农业人口 252.1 万人，这是最后一次城乡区分的户籍

---

① 2010 年开始沈阳市居民人口统一按"居民户口"登记，故 2010 年以后没有农村人口。

人口统计数据。截至调查时点（2010 年 6 月）显示，沈阳市城乡低保户 11.69 万户，共 22.53 万人，保障覆盖面为 2.87%。其中农村 4.7 万低保户，9.6 万低保对象享受了农村最低生活保障制度救助，累计发放保障金 7927 万元。另外，3605 户、8383 人享受了农村低保边缘户救助。[①] 2010 年以后，尽管无法区分城乡人口，但调查组根据沈阳市发布的享受城乡低保待遇的统计数据，也可以掌握农村贫困人口的生活和低保救助情况。我们首先分析城乡居民的收支状况。

（一）沈阳市城乡居民收入与支出情况

图 3-3 是 2000—2019 年沈阳城乡居民人均可支配收入与消费支出对比图。从城乡居民收入趋势看，城乡居民可支配性人均收入绝对值是上升的，其中城镇居民的人均收入增加显著，约是农村居民人均收入的 2 倍；从人均消费支出看，城市居民也远远高于农村居民的人均消费支出；从居民人均消费支出占可支配收入的比重看（图 3-4）：城市人均消费支出与收入之比为 0.7296，农村人均消费支出占收入之比为 0.6677，可以看出，城镇居民人均消费支出占可支配收入的比重较大（图 3-5）。也就是说，尽管农村居民的收入少于城市居民，但农村居民仅有一半的收入用于消费支出。

图 3-3、图 3-4 所示，分析 2000—2001 年城乡居民可支配收入比均低于 2.0，而 2002 年开始，农产品销售不畅，价格下跌；乡镇企业发展速度减缓，效益下降，农民收入增长速度缓慢。2007 年以后农村居民收入有所好转，并连年缓慢增加，但还抵不上城市居民的收入增加速度和绝对数额。这期间城镇居民收入增长较快，由于国家对老工业基地企业转型下岗的职工建立了三条保障线制度，保障覆盖面不断扩大，保障标准不断提高，使得受益的城市贫困人口增加，加上同

---

① 本数据系根据 2000—2019 年各年度《沈阳市国民经济与社会发展统计公报》整理而得。

期城镇居民的转移性收入的增加，所以城市居民收入增长的速度远远高于同期农村居民收入增长的速度，由此城乡居民收入差距呈现扩大的趋势。

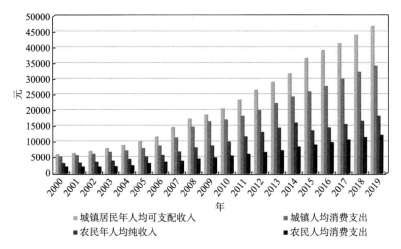

图 3-3　2000—2019 年沈阳城乡居民人均收入与支出对比①

数据来源：本数据系根据 2000—2019 年各年度《沈阳市国民经济与社会发展统计公报》整理而得。

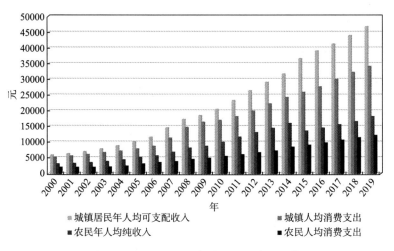

图 3-4　1999—2019 年城乡居民收入比较

---

①　2014 年及以后各年份中"农民人均可支配收入"替代"农民人均纯收入"。

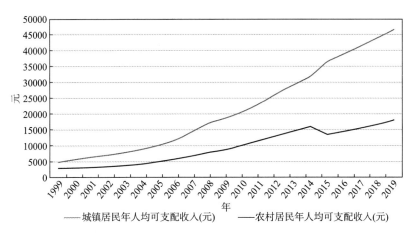

城镇居民年人均可支配收入(元)　　农村居民年人均可支配收入(元)

图 3 - 5　1999—2019 年沈阳城乡居民人均消费支出占收入之比

图 3 - 4、图 3 - 5 是沈阳市城乡居民人均可支配性收入比较、消费支出占收入比较图，通过比较可以发现：2005 年以后城乡收入差距渐显（具体数据见表 3 - 1），城市居民消费水平总体高于农村，2015 年以后农村消费性支出较 2014 年相比明显上升，城市居民消费有所下降，且下降幅度略低于农村消费性支出上升的幅度。在 2015 年后沈阳城市和农村人均消费支出均趋于平稳，二者差距自 2015 年后逐渐缩小。

表 3 - 1 1999—2019 年沈阳城乡居民人均可支配收入及城乡人均收入比

年份	城镇居民人均可支配收入（元）	农村居民人均可支配收入（元）	城乡居民收入差（元）	城乡居民收入比（%）
1999	5364	3100	2264	1.73
2000	5850	3135	2715	1.87
2001	6386	3230	3156	1.98
2002	7050	3500	3550	2.01
2003	7961	3818	4143	2.09
2004	8924	4347	4577	2.05
2005	10098	5050	5048	2.00
2006	11651	5713	5938	2.04

年份	城镇居民人均 可支配收入（元）	农村居民人均 可支配收入（元）	城乡居民 收入差（元）	城乡居民 收入比（%）
2007	14607	6806	7801	2. 15
2008	17295	8079	9216	2. 14
2009	18560	8753	9807	2. 12
2010	20541	10022	10519	2. 01
2011	23326	11575	11751	2. 02
2012	26431	13045	13386	2. 03
2013	29074	14467	14607	2. 01
2014	31720	15945	15775	1. 99
2015	36643	13486	23157	2. 72
2016	39135	14445	24690	2. 71
2017	41359	15461	25898	2. 68
2018	44054	16530	27524	2. 67
2019	46786	18124	28662	2. 58

数据来源：笔者根据 1999—2019 年《沈阳市国民经济和社会发展统计公报》整理而得。

表 3 - 1 是 1999 年到 2019 年的城乡居民收支比较，从比较中我们也可以看出：尽管城乡居民的收入总体逐年攀升，但城乡居民收入差距始终较大，城镇居民的人均收入高于农村居民人均收入近 2 倍，2015 年到 2019 年间，城镇居民的人均收入达到农村居民人均收入 2.6 倍左右，取消了农村户籍制度的沈阳市，因城乡居民收入的差距使农村居民 "被市民化" 现象彰显，农村居民低收入的问题还将导致农村居民市民化后，居民之间的收入差别彰显，在旧的贫困人口尚未减少的同时，新的贫困也可能会接踵而来，未来中国解决贫困人口的问题任务还很艰巨。

（二）沈阳市城乡居民贫困人口及其救助状况

2005 年，沈阳市正式开始实施《沈阳农村居民最低生活保障制度实施细则》，到国务院要求各地建立最低生活保障制度时，沈阳市已经积累了一些成功经验被辽宁省各地推广。为了全面了解沈阳市城乡低保制度实施的整体情况，以及更有针对性地了解地方性政策，本书主要从解析沈阳城乡最低生活保障制度入手。

图 3 - 6 为沈阳市 2005—2019 年城乡低保救助人口的人均消费支出占收入比例，从整体上看无论城镇低保救助人口还是农村低保救助人口，均呈现下降的趋势。这一种现象也反映出农业户籍取消后农村居民救助人口的绝对值在减少，2012 年沈阳城乡居民可支配收入明显增加，尤其是在城镇化进程中城乡混居地区的农村居民因失地得到补偿导致年收入增加，在低保对象的动态管理机制作用下，低保救助人口减少也属正常现象。

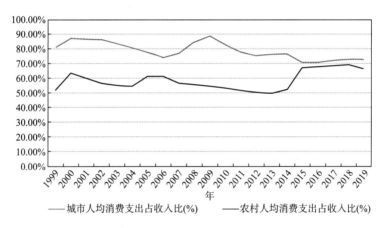

图 3 - 6　2005—2019 年沈阳城乡低保救助人口人均消费支出占收入的比较

图 3 - 7 是沈阳市城乡低保救助标准显示的趋势可以看出，城乡救助标准均随着城乡居民可支配收入的增加而提高，沈阳市农村的低保标准也始终高于全国平均救助标准，从沈阳实施最低生活保障制度以来，城乡低保标准每年均有调整且逐年提高，可以说，对农村低保的实施，沈阳市政府的财政支持力度是较大的（图 3 - 8）。

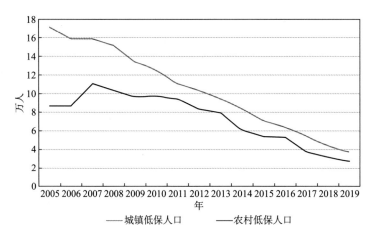

图 3-7　2005—2019 年沈阳城乡低保救助标准比较（万人/年）①

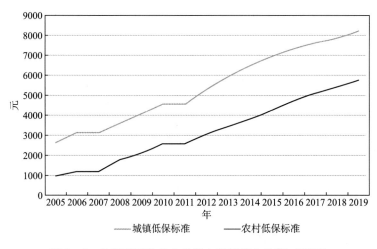

图 3-8　沈阳市财政投入的城乡低保资金比较（万元）

图 3-8 显示的是财政对城乡低保救助资金的转移支付情况。从城乡保障金的支付比较看，财政对城市的支出始终多于对农村的支出，2008 年后沈阳市财政投入的城乡低保资金差距缩小，但多年间始终保持了城乡 3 倍及以上的支付差距，截至 2014 年城乡居民可支配收入差

---

　　①　为了便于城乡比较分析，沈阳市民政局发布的月均救助标准数据按年度 12 个月进行折算得出救助标准。

距一直保持在 2 倍上下，如果与城乡居民可支配收入 2 倍的差距来看（图 3 - 4），财政对城乡财政转移支付的差距还是略低的，在 2015 年及以后城乡居民可支配收入差距明显提高，保持在 3 倍多左右，与此对比财政对城乡财政转移支付的差距在逐年攀升。

如果具体分析图 3 - 8，我们可以解释：沈阳市在实施城乡低保制度后，财政投入逐年提高，但总的城乡救助人口呈现下降趋势（图 3 - 6），尤其是从 2007 年开始，城乡低保救助人口整体下降，这一方面反映出近几年沈阳市居民整体生活水平得到提高，城乡居民消费支付水平不断提高（图 2 - 1）。另一方面政府通过财政提高投入使得低保对象救助水平得到提高。低保实行动态管理，是将不符合条件的低保对象及时退出了低保救助体系所出现的现状。

由于 2010 年以前城乡人口区分明显，即便至今，沈阳市依然实行着二元制下的低保运行模式，自然城乡低保救助差异也就较大。借此，本书将进一步对沈阳市城乡低保制度的运行在宏观层面加以诠释。

二　沈阳城乡低保制度运行情况的比较分析①

沈阳市共辖 9 个市辖区，1 个县级市，3 个县。截至 2010 年 6 月，沈阳市户籍人口 715.5 万人，农村人口 464.4 万人（城乡户籍统一最后一年的数据），城乡低保户 11.69 万户 22.53 万人，低保救助面占 2.87%，全年支出 4.1 亿元低保金。

由于沈阳市 2009 年是最后一次明确区分城乡贫困人口的一年，加上本次低保调查是在 2009—2010 年进行的，所以，为了让各类数据的使用能有效地说明问题，本书分析的数据均采用了 2010 年发布的沈阳市 2009 年农村低保的相关数据。2010 年沈阳市城市低保制度已经形成

---

① 本节内容为课题组成员对沈阳市进行政策调研时撰写的研究报告之一。

了差额保障为基础、分类救助为补充、专项救助为辅助、低保边缘救助为延伸的低保救助体系。1998—2009 年，6 次调高低保标准，从最初的月均救助 150 元到 2009 年的 340 元（三县一市 280 元），保障人数从 2.92 万人增至 13.45 万人，月均救助水平从 41 元增加到 176.96 元。沈阳农村低保制度从 2006 年到 2010 年 4 次调高低保标准，从最初的年均救助 1500 元到 2010 年的 2300 元（三县一市 1800 元），保障人数从 8.58 万人增到 2009 年的 9.57 万人，年人均救助水平由 318 元增加到 2010 年的 900.84 元。

（一）沈阳城乡低保制度实施的特点

1. 城乡最低生活保障制度的共同点

（1）财政收入不断增加，保障标准逐年提高

沈阳市城乡低保制度实施以来，受到沈阳市政府的高度重视，政府的财政投入逐年增加，实现低保金社会化发放，有效地控制和管理了低保资金。城乡贫困居民的生活被最低生活保障制度所覆盖，保障的标准也逐年被提高。

（2）保障人口覆盖面扩大，保障水平偏低

尽管沈阳市地方政府的财政转移支付投入低保救助的资金逐年增加，但低保救助的水平依然抵不过物价指数上涨的速度，以及赶不上居民收入的增长速度。一方面低保对象的生活水平低于普通居民的生活水平，低水平的保障却是低保对象维持生计的唯一来源。另一方面，城乡低保标准差距大，保障待遇城乡差别化，使城乡低保对象无法公平地享受低保待遇。

2. 最低生活保障制度在城乡实施的不同点

（1）保障对象不同，使用标准不一致

城市低保优惠待遇，除了低保金待遇，还能够享受到水、电、燃料等优惠政策，再有就是专项救助待遇，不同的低保家庭需求不同，

救助内容也不同。相反，农村低保待遇仅仅包括"吃和住"两项，救助金只能维持生存需要，低保对象根本得不到全面的保障待遇。

（2）城市救助失业，农村保障失能

城市低保对象主要是救助有劳动能力的失业人口，用最低生活保障制度代替了三条保障线下，全方位救助"下岗职工、三无人员"等。对这些人提供劳动技能培训，使那些无专业技能、文化程度偏低的失业人口通过工作来摆脱贫困。但是，农村低保对象多是鳏寡孤独的老人、失能的残疾人等，无法完全依靠劳动所得摆脱贫困。靠政府的生活救济是他们唯一的生存渠道。因此，农村低保对象既无法动态管理，更难以脱离低保救助。如果不从制度上根本解决这部分人口的生活保障问题，那么，更多的贫困人口将被无劳动能力者挤占了资源。如果政府的财政投入不能以再大的力度投入救助之中，救助对象扩面的可能性也就不大。

（二）城乡低保制度实施过程中存在的问题

城乡低保救助方式和实施办法的差异，往往体现在不同的地域之间，也体现在城乡居民的身份差异上。即在沈阳市同一区域，市民和农民的身份差异导致的保障待遇各不相同。根据沈阳市民政局提供的数据，做了如下概括。

1. 政策层面上，救助水平失衡

2010 年沈阳市城市低保标准为 380 元（三县一市 310 元），全年为 4650 元。农村低保标准年均 2600 元（三县一市 2000 元），低于城市 1960 元，月均 163.3 元（占城市低保标准的 43%；三县一市月均 143.3，占城市低保标准的 46.2%）；分类救助月均农村低保水平低于城市 46.7 元（占城市分类救助的 45%）。专项救助上，农村救助项目缺少供暖救助、住房救助（仅有困难户建房）、实物配租等优惠政策。详见表 3-2。

表3-2　　　　　　　　　　沈阳城乡低保政策实施情况

		城市低保	农村低保
基本救助	低保标准（2010年数据）	月人均380元（三县一市，月均310元）	年均216.7元（三县一市166.7元）（年人均2600元，三县一市2000元）
	分类救助标准（2009年数据）	月人均救助水平76.73元（不含"三无"）	月人均救助水平38.3元
专项救助	供暖救助	有	无
	教育救助	有	有
	医疗救助	有	有
	住房救助	廉租房、经济适用房、实物配租房（租房补贴）	按指标分配的贫困户建房
	临时救助	有	有
	公交月票优惠	有	无
	居民卫生费减免	有	无
	"谅解救助"	每户400元	每户400元

资料来源：沈阳市民政局社会救助处提供。

所以，保障性质不同，城市为需求型保障，农村为生存型保障。

2. 生活需求上，同地域内的生活支付水平趋同

沈阳市按基本需求法，将低保对象的基本生活需求划分为基本食品需求和基本非食品需求。基本需求是指在满足基本生活需求的消费种类和数量一致，市区、县城、乡镇的低保家庭为此支付的货币总量基本相同，即城乡无差别。非食品需求是指城乡因地域差异，城市非食品支出要高于县城，同一区域县城与农村支出水平基本相同。首先，以沈阳市民政局访谈获得的沈阳市市区、康平县、康平县郝官镇及其所属村庄（简称康平镇、庄）的基本食品消费支出额加以对比。表3-3中的数据显示：城乡低保对象的基本食品需求和月消费性支出基本相同。

表3－32009年沈阳市区、县城、村庄的基本食品和月消费性支出比较①

食品	日需求量（kg）	基本食品价格（元/kg）			月消费性支出（元）		
		市区	康平县城	康平镇、庄	市区	康平县城	康平镇、庄
谷类	0.40	3.67	3.67	3.67	44.77	44.77	44.77
蔬菜	0.45	3.34	3.20	3.20	45.84	43.92	43.92
水果	0.15	4.10	4.00	4.00	18.76	18.30	18.30
肉（禽）	0.08	15.18	16.00	16.00	34.72	36.60	36.60
蛋类	0.04	6.20	6.20	6.00	7.56	7.56	7.32
鱼虾	0.05	12.00	10.50	10.50	18.30	16.01	16.01
豆类	0.05	6.00	5.00	5.00	9.15	7.63	7.63
油脂	0.03	8.20	8.10	8.10	6.25	6.18	6.18
奶类	0.10	7.76	7.76	7.76	23.67	23.67	23.67
合计					209.03	204.64	204.40

资料来源：沈阳市民政局社会救助处提供。

其次，对三类地区低保对象的非食品需求消费性支出加以比较（表3－4）。数据结果显示：基本费食品需求的生活用品，人均月消费差异较大，城区需求高（103.4元），农村最低（64.17元），仅占市区支出的62%。

表3－4　　　　　　　　　非食品需求城乡比较

标准　　项目	市区		康平县城		康平镇、庄		市区	康平县城	康平镇、庄
	月人均消费量	单价（元）	月人均消费量	单价（元）	月人均消费量	单价（元）	月消费性支出（元）		
水费	2.68吨	2.4	2.3吨	2	2.4吨	1.6	6.43	4.60	3.84
电费	19.25度	0.5	13.9度	0.5	12度	0.5	9.63	6.95	6.00
燃料	4.76m²	2.4	4.15m²	2.4	30捆	0.3	11.42	9.96	9.00
日杂	日常生活用品						9.07	5.10	4.95

---

① 日需求量取的值是按食品摄入量的中等标准2400千卡，市区价格按当时沈阳市物价局网公布的信息数据，康平县数据为民政局提供的数据。测算时间为2010年5月4日。

续表

标准\项目	市区		康平县城		康平镇、庄		市区	康平县城	康平镇、庄
	月人均消费量	单价(元)	月人均消费量	单价(元)	月人均消费量	单价(元)	月消费性支出(元)		
衣着	年外套6套，内衣若干，鞋3双，其他若干，两年一更新						14.00	8.50	8.00
通讯							8.41	6.10	6.08
收视	144/年		144/年				4.18	4.18	
设备	家电、餐具、家具，5年一更新						15.50	10.02	9.90
交通	家庭交通工具5年一更新						13.50	12.00	11.6
其他	不可预见性消费						11.00	5.10	4.80
合计							103.14	72.51	64.17

资料来源：沈阳市民政局社会救助处提供。

再次，对比 2009 年低保对象保障程度，三类地区的差异见图 3 - 9：

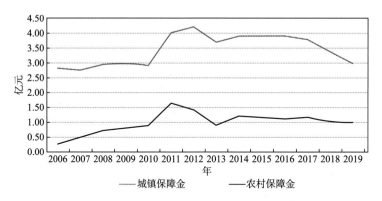

图 3 - 9　2009 年沈阳市部分城乡低保对象保障程度比较

数据来源：沈阳市民政局提供数据。

图 3 - 9 可以发现：对市区和县城低保对象的保障标准基本达标，但农村的保障标准则相差较多，说明农村保障水平还比较低，社会经济发展成果呈负值，农村低保对象还享受不到社会经济发展成果。

3. 保障标准上，农村低保标准偏低

2009 年 12 月沈阳市民政局对低保标准自然调整机制做了公式化界定，2010 年对沈阳市低保标准做了校验。其测算低保标准的公式是：

$$S = C \times [1 + (I - P \times F)]$$

其中：S：低保标准；C：月人均基本生活需求费用；I：农村居民人均纯收入增长率（城市可支配收入增长率）；P：居民消费价格指数增长率；F：财力调节系数（财政收入增长率）。

表 3 - 5　　　　　低保标准与理论测算标准的比较

		月人均基本生活需求费用 C	居民消费价格指数增长率 P、%	城市居民人均纯收入增长率 I、%	农村居民人均纯收入增长率 I、%	财政收入增长率 F、%	测算的低保标准		现行低保标准 S	现行标准预测算标准的比较	现行标准下共享发展成果额度
							S	共享经济发展成果			
市区	城市	312.70	−0.1		9.1	10.0	315.6	2.88	340	24.42	27.3
	农村	312.70	−0.1	9		36.7	323.1	10.44	192	−131.1	−120.7
县城	城市	277.15	−0.1		9.1	32.7	285.5	8.34	280	−5.49	2.85
	农村	277.15	−0.1	9		32.7	285.4	8.25	150	−135.4	−127.2
乡镇	城市	268.57	−0.1		9.1	32.7	276.7	8.08	280	3.35	11.43
	农村	268.57	−0.1	9		32.7	276.6	7.99	150	−126.6	−118.57

数据来源：沈阳市统计局、财政局、民政局公告，部分数据做了加权处理。

从表 3 - 5 可以看出现行的农村低保标准低于测算标准，并且差异较大，而城市标准又高于测算标准，但差异又较小，可以判断农村低保标准偏低。

4. 家计核算上，城乡核算内容差异大

由于农村拥有承包田和宅基地，一般可以实现自给自足，一般人的观点是：农村土地每年也可以产生一定的收入，所以，低保费用按年发放，标准不易过高，这样一种认识引发的问题是：2009 年当年度三县一市的农村低保标准是城市 1998 年的标准，尤其是低保标准实际上农村与城市的差距不可能相差十年。如果按表 3 - 1，表 3 - 4 来计

算，一个农村低保对象基本生活的支出是 268.57 元，低保标准是 150 元，差距为 118.57，可见农村低保是难以维持生存的。

此外，农村低保实行的半年审批一次、救助费半年发放一次，不仅会影响及时救助，也会使救助效果大打折扣，集中发放可能会导致有些家庭不能把有限的资金有效地使用在基本生活上。

三 城乡低保标准缩小差别的问题探讨

（一）救助资金层面的问题

收入核算一直是困扰低保制度执行的难点问题。城乡低保对象的主要差别是农村低保对象拥有土地，如果扣除土地因素，应该说二者没有本质的差别。首先是承包田和宅基地核算如何固化为月均收入的问题。可否考虑上一年的承包田和宅基地收入，在农村家庭居住的成员按平均 12 个月计算为月平均收入。无论申请人何时申请低保，固化收入均作为家庭月收入的一部分。对属于自种承包的，每年基本可以保证口粮自给，在核定收入时，从测定的月均"谷类"需求支出额度中扣除收获这个额度的口粮需要支出的成本后（不含人力成本），其余额度计入月人均收入，基本上所有农村低保家庭都有宅基地，基本可实现蔬菜的自给。在收入核算时，从测定额度计入家庭月人均收入。其次是农村劳动力收入按最低工资标准核算。如农闲时段低保对象可申请就业，可按实际报酬或最低工资标准计算，如因客观原因无法实现临时就业的，可视身体情况酌情核算收入。对于土地流转他人的，则按最低工资标准核定收入。农忙期间家庭收入按照土地月固化的收入核算。另外，如果要城乡低保制度的统一，就要先考虑救助标准的"同地域同标准的问题"，近年来，城市低保救助对象救助标准提高，但实际接受救助的人数明显减少，可否考虑将本地区减少的城市低保救助的财政开支向农村低保救助进行转移支付，客观上或许也会达到提高农村低保救助标准，缩小城乡救助标准差异的效果。

（二）救助标准核算和扶贫扩面

农村低保对象拥有的土地保障可以视为一种收入，低保标准可以理解为是一种满足低保对象生存需要的支出，我国土地是国有的，那么，土地所获得的收入可否视为一种政府的支出呢？

关于救助标准和扩面的问题。如果把土地、宅基地、劳动力获取的收入核算为低保对象的收入，在政策执行上容易产生偏差，执行难度也比较大，一般收入核算都比较低，所以，这种复杂且容易产生矛盾的方式是否可以放弃，采取上面提到的，用财政的转移支付形式来提高农村救助标准和扩大救助人口覆盖面的问题。尤其是对那些无土地、无宅基地和无劳动能力的人可以适当提高救助标准。其次是通过进一步增加财政对低保救助的投入，单纯地靠投入资金提高救助待遇，可能提高救助的水平和扶贫扩面的效果会更好。

（三）城乡低保制度一体化的促进

可否尽快统一制度，尽快出台地方城乡居民最低生活保障制度细则，从制度层面彻底消除城乡二元的救助机构，在审批制度、低保金发放、政府救助资金配比、家庭人口统一核算上的统一口径，以构建一体的低保制度框架。另外，按区域经济状况阶梯式划分低保标准，对特殊困难群体制定无地域差别的分类救助原则、救助标准和救助水平。还有，把专项救助仅仅作为辅助救助，在具体救助项目和水平上尽可能统一。

本章结语

在实行低保过程中，民政部门在国家个人收入信息掌控不准的情况下，对农村低保家庭收入核算采用的承包田和宅基地核算收入并固化于人均收入，有劳动能力的农村劳动力按行业评估收入的做法普遍存在。其实，简单地固化收入、核算收入的做法很难切合每个低保家庭的实际情况，特别是那些因支出型贫困的家庭，因低保标准过低，低保对象难以维持生计的现象较为普遍，因收入核算引发的闹访现象也时有发生，所以，从制度自身进行完善才是解决贫困人口救助问题的根本途径。

第四章 沈阳城乡最低生活保障制度的实证分析[①]

基于第二章和第三章的文献资料和相关数据分析的基础上，本书还做了如下的实证调查分析。

作为探讨沈阳城乡最低生活保障制度实施现状的实证研究，本章主要是课题组对沈阳市部分市区及乡镇所做的实地考察和走访调查的结果，调查前期搜集了大量与低保相关的数据资料和政策资料，目的是要掌握城乡低保制度的真实救助情况，发现问题和有效地解决问题。

一 调查地区的总体情况

2010 年的调查，课题组选取了沈阳市 2 个城区，即铁西区、沈河区（九个城区的两个）；县级市（三县一市的两个），即新民市、辽中县，共四个地区进行了问卷调查，设定铁西和沈河为城市低保的调查对象地区，辽中和新民为农村低保的调查对象地区，目的是要对城乡

---

① 本章的数据及研究内容，系国家社会科学基金一般项目"农村最低生活保障制度的推进政策研究"（项目编号：08BSH067）安排的子课题之一，该调查报告的所有数据和研究报告均为本课题所做，形成了项目负责人指导的研究生论文，是本课题研究的主要实证研究内容。作者系课题研究成员，所以，除了实证分析的数据之外，本章内容的大部分与论文《沈阳城郊农村最低生活保障制度的推进政策研究》是重复的。

低保制度实施情况做个比较研究。

（一）调查对象

本次调查从铁西区和沈河区共选取了200名低保对象进行了结构式访谈调查，主要了解城市低保的实施状况；从新民和辽中也选取200名低保对象进行结构式访谈调查，对当地农村低保的实施状况进行调查研究。本次调查于2010年5月至8月进行，向低保对象共发放了400份问卷，实际回收有效问卷333份，其中农村问卷182份，城市问卷151份。

（二）调查方法

采取问卷调查与访谈相结合的方法。调查内容分两个层次：首先，与当地低保工作人员进行座谈；其次，与城市和农村低保对象进行访谈。参加此次调研的调查人员共16人（2名教师和14名研究生），分成两组进行分别的访谈，最后将搜集到的资料和相关数据进行统一的整理和录入，并用SPSS统计软件进行分析。

二　调查对象的基本情况

（一）调查对象的自然情况

1. 性别结构

本次调查对象，城市样本151人中，男性为92人，占61%，女性为59人，占39%。农村样本182人，男性为159人，占87.4%，女性为23人，占12.6%。通过卡方检验得出，从调查对象的性别比（表4-1）的数据来看，自由度为（2-1）*（2-1）=1的x^2值为27.14>3.841，结论是在显著水平$P=0.05$之下，城市和农村的低保对象与性别是有关联的。即无论是城市还是农村，接受低保待遇的男性所占比例超过女性。其原因主要是我们根据地方民政部门提供的低保名册，是选择低保户中有独立思维能力的家庭成员接受的调查所致，但与低保名册比较来看，这也与我们调查地区的低保总体性别比基本一致。说明接受低保待遇的男性要多于女性，无论城市还是农村，如果一家之主的男性劳动能力丧失更容易使家庭落入贫困。

表 4 - 1　　　　城乡调查样本户籍与性别的关联　　　单位：人

	男性	女性	合计
城市低保对象	92 61%	59 39%	151 100%
农村低保对象	159 23%	23 12.6%	182 100%
合计	251 75.4%	82 24.6%	333 100%

$x^2 = 27.14$, $dx = 1$, $p < 0.05$, 相关

2. 年龄结构

表 4 - 2　　　　城乡低保对象的年龄的关联　　　单位：人

	18—44 岁	45—65 岁	66 岁及以上	合计
城市低保对象	25 16.6%	92 60.9%	34 22.5%	151 100%
农村低保对象	33 18.1%	112 61.5%	37 20.3%	182 100%
合计	58 17.4%	204 61.3%	71 21.3%	333 100%

$dx = 2$, $x^2 = 0.34$, < 5.991, $p > 0.05$, 不相关

在调查的城市样本中，本次调查对象的年龄设计为 18 岁以上能独立思维的低保对象，调查对象的平均年龄为 48.5 岁，最高年龄为 86 岁；农村样本的平均年龄为 56.8 岁，最高年龄为 89 岁。调查显示，低保对象的年龄多集中在 45—65 岁，也就是说无论城市还是农村，正处于劳动年龄的人口却成为受低保保障的主体。这也体现了最低生活保

障制度与以往的社会救济制度不同，年龄与享受低保待遇已经没有关系，见表4-2。

3. 文化程度

调查显示，低保对象的文化程度普遍偏低，但农村低保对象的文化程度更低于城市低保对象，小学学历占据绝大多数。经检验，自由度为 $(3-1)\times(2-1)=2$ 的 x^2 值为 $107.44 > x^2 = 5.991$，$P < 0.05$ 结论是在显著水平 $P = 0.05$ 之下，城市和农村的低保对象与学历程度是有关联的。可以看出，文化程度低是低保对象的主要特征，尤其农村低保户的文化程度低是导致其难以脱贫的根本原因。具体情况见表4-3所示。

表4-3　　　　　　　居民户籍与文化程度的关联　　　　　　单位：人

	文化程度			合计
	高中及以上	初中	小学及以下	
城镇居民	36 23.8%	88 56.8%	27 17.9%	151 100%
农村居民	5 2.8%	47 25.8%	130 71.4%	182 100%
合计	41 12.3%	135 40.5%	157 47.2%	333 100%

$dx = 2$，$x^2 = 107.44$，> 5.991，$p < 0.05$，相关

4. 婚姻状况

表4-4　　　　　　　户籍及婚姻状况的关联　　　　　　单位：人

	与配偶居住	无配偶（含未婚、离婚、丧偶）	合计
城镇低保户	58 38.4%	93 61.6%	151 100%
农村低保户	133 73.1%	49 26.9%	182 100%

	与配偶居住	无配偶（含未婚、离婚、丧偶）	合计
合计	191 57.4%	142 42.6%	333 100%
	$dx = 1$，$x^2 = 40.55 > 3.847$，$p < 0.05$，相关		

在城市样本中，已婚且配偶健在的 58 人，占 38.4%，未婚的 30 人，占 19.9%，同时，低保对象中缺少婚姻生活的人数占 6 成以上；在农村样本中已婚的 133 人，占 73.1%，其次是丧偶的 29 人，占 15.9%，其中将未婚、离婚和丧偶的三种情况归结到无配偶的情况之中，详细情况见表 4-4 所示。调查发现，有一部分低保对象为孤寡老人，他们的日常生活基本无人照料，十分需要社会各界的关心和帮助。

5. 健康状况

城市被调查者中有身体残疾的比例高达 39.7%，重病者达 13.9%，两项合计就达 53.6%，慢性病的达 19.2%，几项之和竟达到 72.8%，说明身体的疾病是获得低保救助的主要因素；农村被调查对象的数据显示，有身体残疾的比例为 26.4%，重病达 24.7%，两项之和就达 51.1%，加之体弱和慢性病者比例高达 35.7%，几项之和竟达到 86.8%，高于城市 14 个百分点。表 4-5 所示，从 333 名被调查人员的身体状况来看，身体残疾和重病者 174 名，52.2% 的调查对象处于残疾和重病的困扰之中，身体状况一般及以上的仅达到 65 人，占总比例的 19.6%。这说明，低保家庭大多是因病因残致贫，患病或行动不便的低保对象大多由亲属照料。即便低保户有医疗救助，但有不少低保对象依然选择不去医院治疗，其原因主要还是无法承担医疗费用。虽然调查中发现低保户基本都享受到了医疗救助，但是医疗救助额度较小，无法满足需要。很多低保户认为医疗救助的标准偏低，个人负担的费用仍然很多，不能真正解决"看病难、看病贵"的问题。

表4-5　　　　　　　　居民户籍与健康情况的关联　　　　　　　单位：人

	身体状况一般及健康	多病及患重、慢性病	身体残疾	合计
城市	41 27.2%	50 33.1%	60 39.7%	151 100%
农村	24 13.2%	110 60.4%	48 26.4	182 100%
合计	65 19.6%	160 48%	108 32.4%	333 100%

$dx = 2$，$x^2 = 26.01$，> 5.991，$p < 0.05$，相关

通过以上对调查对象自然情况的统计分析，可以得出如下结论：

无论是城市还是农村，享受低保待遇的男性多于女性，本次调查的数据同样也反映出男性多于女性的现象较为明显；享受低保待遇与是否为劳动力年龄人口无关，只要符合条件，即可享受低保待遇；低保对象的总体文化程度偏低，但城市低保对象的文化程度高于农村低保对象，农村低保对象的脱贫难度将更大于城市；城市的低保对象的无配偶比率远远高于农村，而农村低保对象的有配偶率却远远高于城市，说明农村的贫困更多的是核心家庭的贫困，家庭的贫困程度要比城市更严重；从低保对象的身体状况来看，无论是城市还是农村，患病及残疾更容易享受低保待遇。由于低保对象大多体弱多病，基本都丧失劳动能力，加之文化程度偏低基本没有摆脱贫困的技能，很多低保对象一旦进入低保的救助体系很难再有机会退出。农村的贫困现象更为严重，更需要政府及社会的大力关注和支持。

（二）调查对象的生活状况

1. 财产状况

为了解低保家庭的财产状况，本次调查共设计了三个指标：即①是否有田地；②家里是否有家用电器；③是否有住房条件。其中城市低保户因没有田地，只考虑后两项指标。调查发现，农村样本中，只

有 43 人家里有田地，有田地的家庭大多选择自己耕种，也有部分无劳动能力的低保对象选择把土地出租出去。至于第二个指标，城乡调查对象基本都无力购买家用电器。在第三个指标住房方面，城镇低保对象中住房性质为祖传私房的占 19.2%，自购普通商品房的占 12.8%，租房、借房的有 51 人，占 29.6%。住房类型大多是楼房，其中老式楼房（1990 年以前建）的为 39.5%，新式楼房（1990 年及以后建）的占 44.8%。农村低保对象基本都有自己的住房，其中住房性质为自建房的占 77.5%，祖传私房者 15 人，占 8.2%，政府补贴房者 20 人，占 11%。但其房屋大多为砖瓦房，占 94%，还有个别低保户住房条件极差，为土坯房，占 2.2%。

2. 收入情况

我们将低保家庭的收入来源分为工资性收入（包括本乡地域内和外出打工所得收入）、家庭经营性收入（包括农业产业纯收入和个体经营纯收入）、财产性收入（包括转让承包土地经营权收入等）及转移性收入（包括政府救助收入等）。2009 年沈阳市城镇居民年人均收入为 18560 元，而城市样本 2009 年的人均收入是 12480 元，仅为全市平均水平的 67%。2009 年全市农村居民年人均收入 8752.9 元，而农村样本的年人均收入为 2350 元，不到普通农村居民收入的三分之一。由此可见，城镇和农村低保对象的收入普遍偏低，且城乡差距很大。无论城镇低保对象还是农村低保对象基本都要依靠低保金生活，个别低保户有家庭经营性收入和财产性收入，但收入低且不稳定。

3. 支出情况

2009 年沈阳城镇居民的年人均支出是 16447.8 元，而城市样本的年人均支出是 6681.5 元，2009 年沈阳农村居民的年人均支出是 4807.7 元，而农村样本的年人均支出是 2676 元。调查发现，食品支出占 51%，其次，由于低保家庭中患重病和残疾的人员较多，因此，医疗费用支出占19.5%，其他支出分别是：教育文化支出占13.8%，居住支出占5.4%，其他支出占10.3%。可以看出，食品支出和医疗支出是低保对象的主要开销。

4. 债务情况

调查发现，被调查者基本没有储蓄，所有收入都用来维持家庭基本生活，甚至有的家庭还要靠借贷维生。总体来看，城镇低保户的生活水平要好于农村低保户，且负债情况要少很多，城镇样本中有负债的仅为31.8%，而农村样本中有欠债的高达66.5%，被调查者详细的储蓄及负债情况请见表4-6。从借贷原因来看，有68.2%的低保对象因为无钱看病而借钱，其次，就是家里有孩子上学的低保户，教育负担过重成为他们借钱的主要原因。而有借贷情况的低保对象，大多选择向亲戚朋友借钱。

表4-6　　　　　　　户籍与储蓄情况交叉制表　　　　　　单位：人

			储蓄情况		合计
			没有	1万以下	
户籍	城镇居民	计数	147	4	151
		户口中的%	97.4%	2.6%	100.0%
	农村居民	计数	181	1	182
		户口中的%	99.5%	0.5%	100.0%
合计		计数	328	5	333
		总数的%	98.5%	1.5%	100.0%

从表4-6可以看出，城乡低保对象的家庭收入低于最低生活保障线以下的才能享受到低保待遇，所以，没有家庭存款是较为常见的现象，领取的低保金也只能维持基本生存的需要，根本没有多余的钱财进行储蓄或投资，其中个别低保对象有少量的储蓄还是省吃俭用得来的，大多是为治病或嫁娶等准备的。

表 4 - 7	户籍与欠债情况		单位：人
	欠债	不欠债	合计
城市低保户	48	103	151
农村低保户	121	61	182
合计	169	164	333

$dx = 1$，$x^2 = 39.93 > 3.847$，$p < 0.05$，相关

表 4 - 7 所示，城市和农村的低保家庭欠债情况总体来看是基本持平的，但城市低保对象的欠债情况要好于农村低保家庭，欠债情况与所处地区相关，农村低保家庭的欠债情况严重，在访谈中探讨欠债因素时，受访对象治病、孩子就学、无固定收入等问题是直接导致借债的主要动因，而农村由于没有积蓄，类似这些问题，借债成了大多人的主要选择方式，可见农村的贫困状况更急需解决。

（三）调查对象享受低保的情况

虽然城乡低保制度已推行了多年并取得了良好的效果，但实际上，还有一部分贫困者因各种原因未被纳入低保体系内，甚至有的贫困者虽纳入低保体系却也没有真正摆脱贫困。因此，本次调查认真分析研究了被调查者享受低保的现状，以此来检验低保制度真正的救助力度。

1. 享受待遇的时间

城市样本中很多低保对象是从 2001 年、2002 年开始享受最低生活保障，占 43.3%，其次，2005 年也是城镇低保迅速发展的一年，11% 的被调查者这一年享受到城镇低保。农村被调查者享受低保待遇的时间：2007 年为 24%，2008 年为 18%，2009 年为 20%，而 2005 年农村低保政策在沈阳市正式实施，被调查者中有 31% 的低保对象这一年开始享受低保待遇。

2. 享受待遇的额度

城镇居民最低生活保障金是按月领取的，2010 年沈阳市的城镇低

保标准是340元/月，被调查者平均每月领取的低保金为468.7元/户/月。农村贫困人口以户为单位申请低保，农村居民最低生活保障标准是按年计算的，2010年辽中和新民的低保标准是1800元，调查发现，被调查者近三个月平均每月领取低保金为157.3元/户/月，最多领取493.4元/户/月，最少领取30元/户/月。

3. 待遇发放的形式

2001年《关于印发沈阳市进一步完善城市居民最低生活保障制度实施方案的通知》中规定："逐步实现城镇低保金社会化发放。"2007年农村低保金也开始实行社会化发放，全市农村低保金统一由市农村信用合作社系统按季度代为发放。调查发现，大多低保家庭都通过存折或银行卡领取低保金，调查对象对这种领取低保金的方式褒贬不一，对于行动自如的低保对象来说，这种方式非常便捷，但对于行动不便的低保对象来说，去银行等地取钱比较麻烦。

4. 其他救助的情况

城市样本中，有90.1%的家庭其家庭成员参加了城镇居民基本医疗保险，有31.8%的参加了城镇职工医疗保险，被调查者中有90.1%的低保对象参加的城镇居民基本医疗保险是政府全额资助或部分资助的，有57.5%的被调查者认为医疗救助在一定程度上解决了治病的问题，享受过教育救助的低保家庭认为教育救助的确在一定程度上缓解了家里的经济负担。城市样本中44%的低保对象节假日一次性补助为500元，35%的低保对象节假日一次性补助为660元，15%的低保对象节假日一次性补助为760元。城市被调查者2010年水电、燃料、取暖费减免的平均值为1075.2元。调查中，84.2%的被调查者认为有了低保金他们的日子明显得到了改善。农村被调查者都参加了新农合，48.9%的被调查者参加新农合得到了政府的部分或全额资助，沈阳市对参合的农村特困居民给予医疗救助，低保户看病门诊报销80元，住院报销总花费的 15%，但最高额为 5500 元。调查表明，42% 的被调查者认为医疗救助在一定程度上解决了家庭困难，62% 的被调查者曾接受过亲友的现金或物质资助。调查中，有的低保户享受了农村贫困户建房补贴，补贴标准是 25000 元/户，还有"两节"补助，400 元/户。

三　沈阳市城乡低保实证调研分析

（一）城乡发展失衡，保障水平偏低

随着城市化发展，城镇人口有在农村居住的，农村人口也有在城镇居住的，由于城乡之间发展的不平衡，导致保障水平不一致。目前，沈阳市享受城乡低保待遇的对象约 23 万人，约占全市总人口的 3.2%。但是，仍有相当一部分贫困群体没有纳入低保体系中来，即使被纳入保障范围的低保对象，由于保障标准偏低，生活依然非常困难。而且，随着经济水平提高及物价的飞涨，过低的低保金很难维持低保对象的生活。调查中发现，城乡低保对象都普遍认为保障标准偏低，不能从根本上解决贫困问题，具体见表 4－8 所示。

表4－8　　户籍与城乡居民对低保标准是否合理的认识交叉制表

		城乡居民认为低保标准是否合理				合计
		很合理	比较合理	过低	说不清	
户口	城镇居民	11	55	74	11	151
	农村居民	32	68	66	16	182
合计		43	123	140	27	333

（二）城乡标准失衡，难以实现公平

沈阳市根据中央关于建立低保制度的相关文件的精神，并结合沈阳市的实际情况，制定了沈阳市城乡居民最低生活保障标准，2010 年城镇居民的保障标准为 340 元/人/月，农村居民的保障标准为 2300 元/

人/年，即192元/人·月。① 虽然近几年城乡低保标准都有显著提高，但城乡之间的差距仍然很大，城镇最低生活保障标准是农村的1.8倍。从实际的救助水平看，2010年8月沈阳城镇居民最低生活保障平均支出水平为181元，可农村最低生活保障平均支出水平为70元，② 农村的保障水平远落后于城市。且由于城市化进程加快，不少农用土地被征，土地已经不能有效地保障农民的基本生活。2010年沈阳市全面实行户籍管理制度改革，沈阳市不再分农业和非农业人口，而统一登记为居民户口，但是，户籍城乡一体化，户口性质划分取消后，新办户籍的低保对象归属问题尚待解决，而且城市和农村的低保待遇本来就存在差异，比如，城市低保户冬季取暖政府给予补贴，而农村低保户大多不是集中供暖，取暖费不好统计，所以，得不到相应的补助，只有靠自己买煤取暖。另外，调查还发现，存在城市低保户拿城市低保却居住在农村的现象，农村消费水平相对较低，所以他们生活状况相对较好。而像辽中、新民的低保户，地处沈阳市远郊的小城镇，但享受农村低保，人均6分地标准（1分合300元）。农民失地后搬进楼房，各种物业费、取暖费等费用增多，农民支付不起，城市低保户由低保分类救助来补充，可农村低保户却没有相关的补助措施。

（三）二元城乡救助，难以推进统筹

近年来，沈阳市政府用于最低生活保障制度的资金虽然年年增加，但与救助对象数量增长的速度及物价上涨的速度相比而言，低保资金的增长速度远远不及物价上涨的速度，且所占财政投入的比例仍然很小。尽管地方政府的财政收入要少于中央政府，可是要承担的财务支出任务却比中央政府还多，且支出任务还有增无减。城市最低生活保

---

① 资料来源：沈阳市民政局提供，辽中和新民的标准低于沈阳近郊。
② 资料来源：2010年8月份全国县以上城市和农村低保数据，民政部网站：http://www.mca.gov.cn/article/sj/tjjb/bzbz/。

障资金来源主要是地方政府财政预算，农村最低生活保障资金来源主要是依靠当地各级财政和村集体。而沈阳市属于老工业基地，有其自身的历史局限性，下岗职工众多，财政压力必然过大。

据统计，"2009 年沈阳市城镇最低生活保障的支出资金为 2.98 亿元，农村最低生活保障的支出仅为 7927 万元"。从 2006—2009 年的相关数据得出，农村低保支出的比重与城镇相比还是有很大差距，具体见表 4 – 9 所示，农村低保的资金支出远远不及城镇低保的资金支出。

表 4 – 9　　　　　2006—2009 年沈阳市财政对低保的支出　　　　单位：元

年份	最低生活保障的资金支出	
	城镇	农村
2006 年	2.18 亿元	2730 万元
2007 年	2.75 亿元	4941 万元
2008 年	2.95 亿元	7230 万元
2009 年	2.98 亿元	7927 万元

数据来源：2006—2009 年《沈阳市国民经济和社会发展统计公报》，沈阳统计信息网：http：//tjj. shenyang. gov. cn/systjj/tjsj/ndsj/glist. html。

（四）城乡体系不完善，加大救助难度

调查发现，城乡低保对象覆盖面广，区域之间相隔较远，配套政策众多，工作实施有难度。且沈阳市城乡最低生活保障制度还没有形成完善的体系，政府各相关部门职能界限模糊、职能重叠，导致实际的救助效果被减弱。随着沈阳市救助项目的逐渐完善，对民政工作的要求也会越来越高，日常工作也需要低保工作人员一丝不苟地完成。每年一到二次的城乡低保年度复查，要求入户调查核实，由于区与区、村与村之间的分布较为分散，也给低保工作人员的工作带来了不小的挑战。但目前，沈阳市的机构配置与日益增多的民政工作业务极不相符，特别是乡（镇）、办事处和农村工作人员极少，工作环境和条件极为落后，工作效率不高。

四 完善沈阳最低生活保障制度的对策建议

（一）统筹城乡最低生活保障制度内容，努力实现公平

统一城乡居民低保的内容，一方面有利于提升对农村居民的关注度，将有限的资源更大程度地向农村倾斜，逐步实现城乡之间公共服务的均等化；另一方面，通过缩小城乡低保差距，可以剥离现有城市低保中的其他附加值，有利于解决"低保退出难"的问题。低保制度实施之初，由于低保金少且申请者自尊心问题，低保政策并不受居民重视，但随着政府给予低保家庭的医疗、教育、住房等优惠照顾越来越多，使人们对低保趋之若鹜，使低保变成了"香饽饽"，没享受低保的找关系进入低保，已经是低保的始终抱着不放，不愿意退出低保。这种现象导致低保资源被浪费，只有实现城乡低保一体化改革，才能使资源合理充分地被利用。

统筹城乡居民最低生活保障的内容，首先，应在设立项目上进行统一，现在沈阳市周边郊区发展很快，城乡居住环境越来越相似，更多地农民搬进了楼房，过起了跟城市居民一样的生活。因此，城乡居民最低生活保障的内容也要不断完善，尤其是农村低保方面，也应该考虑实行水电、采暖费等优惠。由于城乡低保对象大多是因病致贫，医疗救助的力度必须加大，而农村的新型合作医疗制度的报销比例远不及城镇基本医疗保险，面对高昂的医疗费用农村低保对象更是无力负担。所以，我们要不断提高农村新型合作医疗的救助力度，使城乡居民都能得到保障。其次，调查发现，低保对象大多文化程度偏低，对低保制度不熟悉，对自己应该享受的权利不清楚，因此，我们必须深入每村每户去宣传低保制度，让他们了解自己的权利，使他们享受到更多的优惠政策。

（二）渐进提高最低生活保障标准，缩小城乡差距

"市场菜篮子法""恩格尔系数法"是目前确定低保标准的常用办法。具体而言，低保标准的测算应考虑以下几个指标："一是最基本的生存需求，二是家庭实际的经济状况，包括家庭类型、家庭收入及住房情况等，我们在给予低保对象救助的时候要考虑这些因素，防止保障不足或过度保障。三是经济发展情况，在调整保障标准时我们要考虑以下经济指标：物价指数、居民消费指数、城乡居民人均可支配收入及支出等。"[①] 沈阳市的低保标准是依据当前物价水平、收入水平等因素进行统一的调整，与其他省市一样，也包含了刚性增长机制。沈阳市城乡低保标准实行同步调整，但从实行低保制度至今，农村低保标准始终偏低，且与城镇低保标准差距过大，很多人觉得这种现象无可厚非，但随着城市化进程的加快，城乡之间差距已不再明显，甚至农村居民某些方面的支出还高于城镇居民。如医疗支出，由于农村居民卫生知识的贫乏，导致很多农村居民患小病疏于治疗，而遇到大病时又负担不起高昂的医疗费，再加上交通不便的因素，使农村居民的治疗成本增加，这些都影响农村最低生活保障制度的保障效果。因此，必须考虑到农村的实际难处，将各种成本充分的考虑进来，才能设计出合理的低保标准，逐渐缩小城乡低保标准之间的差距。

由于沈阳市各区经济发展情况不同，要想做到完全统一条件还不允许，因此，对于经济状况较好的地区，实行较高水平的低保标准；对于经济状况较差的地区，则实行较低水平的低保标准。具体来说，充分考虑沈阳市的 GDP 总量、居民年人均可支配收入、物价水平等因素确定来年的最低生活保障标准。具体方案为：不考虑城乡差别，只考虑当地实际的经济状况，按当地上年度居民年人均可支配收入 30%

---

① 黄许：《城乡居民最低生活保障制度一体化研究——以长沙市为例》，硕士学位论文，湖南师范大学，2010 年。

的比例核算，确定为各地区低保标准的下限。同时，要根据物价的变动来调整低保标准。大体可分为四个步骤："一是根据本市对'城乡居民基本生活需求'的理解（以衣、食、住、行、水电、燃煤等基本消费为主，适当考虑教育等发展因素）列出每人每月基本生活必需品的清单，二是根据基本生活必需品清单所列项目及维持低保对象基本生存所需要的热量，即食品等（可参照营养学会公布的标准），逐一核定商品类型及计算所需的数量。三是以实际市场调查的商品价格或当地统计、物价部门定期公布的价格为依据，计算出购买生活必需品所需的货币量。四是根据购买基本生活必需品所需货币量来推算出低保标准。"① 低保标准的调整周期以一年为好。物价变动时，尤其是基本消费品价格大幅上涨或突发性生活必需品价格大幅上涨时，可采取向低保对象发放一次性价格补贴的办法，帮助低保对象渡过难关，间接建立一个联动机制。首先，对与居民生活密切相关的生活必需品的价格进行监控，根据价格的变动随时启动或关闭联动机制。当价格指数的涨幅超过一定百分比时，重新研究核算低保标准并及时调整低保标准。其次，低保对象的补贴标准也应适时进行调整。补贴标准分为四个级别依次是：CPI 涨幅为 3%—6%、CPI 涨幅为 6%—9%、CPI 涨幅为 9%—12% 和 CPI 涨幅为 12%—15%，与此相对应的是补贴标准每人每月增加 10 元、20 元、30 元和 40 元。

由于低保标准的制定是否合理，关系到低保制度能否真正发挥积极作用，因此，需要一支专业素质较高的队伍进行调研工作，这样制定出来的低保标准才能科学合理。同时，这支队伍还要密切关注当地的物价水平、居民收入情况等，以免所制定的低保标准脱离实际，无法维持低保对象的基本生活，并依据经济发展状况来判断低保标准的

---

① 内蒙古财政厅课题研究组：《建立城乡居民最低生活保障标准正常增长机制的研究》，《北方经济》（综合版）2010 年第 7 期。

调整频率。

（三）统筹救助资金与财政收入，拓展筹资渠道

国内近几年的 GDP 增长率稳步提高，但各区财政增长速度并不均衡，尤其在加大对贫困地区的财政补助方面存在较大差距。首先，对低保资金的财政预算有明确的要求，如内蒙古自治区规定："要确保地方财政用于低保资金的预算不能低于当地上一年度一般性财政支出的2%，并保证低保预算的增长与财政收入的增长比例同步。"[1] 沈阳市也需要针对自身情况，对所需低保资金进行科学预算。其次，沈阳市面积较大，各地区经济发展极不平衡，为了更好地开展城乡低保工作，沈阳市应按不同地区的 GDP、财政收入的总量指标和人均可支配收入等因素进行地区分类，对经济状况较差的地区实行财政上的倾斜。由于各级地方财政在低保筹资过程中，应负担多少的比例并没有明确的规定，因此，导致富裕的地区政府的财政压力较小，而贫困的地区财政压力过大。为了杜绝这一现象的发生，采取的具体做法应是：一是明确地方政府的财政责任。依据不同地区财政收支情况、救助人口情况的不同，对各级政府财政投入的比例进行测算。二是尽快将各级政府承担的低保财政责任明确化，并纳入政绩考评中来，促使各级政府真正重视低保制度的实施，关心低保家庭。

与社会保险、商业保险等不同，最低生活保障制度并不需要权利与义务的对等，所有社会成员只要符合条件都可以享受到最低生活保障制度。也因为最低生活保障制度不强调权利与义务的对等，所以低保资金是一笔很大的开销，由于最低生活保障资金的来源主要还是国家财政，面对日益增加的资金需求，各级政府应适当调整收入分配格局，完善税收制度，如征收"房地产税""特种消费税"等，还可以

---

① 内蒙古财政厅课题研究组：《建立城乡居民最低生活保障标准正常增长机制的研究》，《北方经济》（综合版）2010 年第 7 期。

加强个人所得税的征收，对"高额财产拥有以及财产转移等"进行征税，并在国家的大力支持下尽快实行财产实名制，有利于政府对居民实际财产收入情况进行监督，有利于国家更有效地调控居民的收入分配，使筹集最低生活保障资金的渠道更多元。为进一步扩大低保资金的筹集来源，还可以考虑征收"社会保障税"，也可以将福利彩票、社会捐赠资金中的一部分用于城乡低保制度一体化的建设。在保证救助资金总供给的情况下，还可以充分整合救济资源，将中央的各种专项救助金都纳入低保范畴，更加凸显中央政府的责任。同时，为了更妥善的管理低保基金，应加快建立最低生活保障基金管理委员会，委员会除了更客观地了解和解决低保政策实施中的各种问题，还要对基金进行有效的投资营运，以确保城乡统筹的最低生活保障制度早日完成。

（四）完善救助管理与监督机制，建立统一标准

目前，虽然城乡低保制度是相互独立运行的，但其实管理制度有很多相同之处，因此，建立城乡统一的低保管理制度是可行的。但是，目前我国社会保障体系中的各个方面隶属于不同的部门，如最低生活保障制度由民政部负责，而医疗救助却跟卫生部相关，所以，我们应尽快以法律形式明确从中央到地方各级政府的管理职能。在中央层面应设立最低生活保障管理委员会，其中包括民政、财政、人保等相关部门，主要负责整合低保资源，集合救助力量；在省、市层面设立最低生活保障制度的指导机构，主要负责制定低保制度的战略措施等并对低保机构进行监督。在街道这一层面设置低保办事处，主要负责低保工作的具体操作，如入户进行家计调查、审查低保对象等。

有监督机构的存在才能保证最低生活保障制度规范、有效地实施。督察的内容包括两方面：一方面是可以有效监督城乡低保工作人员是否严格按照规章制度办事；另一方面监督各地低保资金的使用情况。此外，监督机构还有权对低保执行过程中的详细内容进行公告，确保

公众获得最真实最及时的信息，保证低保工作的透明性和公开牲。同时，监督机构应是独立的部门，以防止监督机构的权力被"架空"，其监督的职能被削弱，无法达到监督的目的。

本章结语

沈阳市城镇和农村最低生活保障制度实施以来，虽在一定程度上缓解了城乡低保对象的生活困难，但由于城乡低保制度的保障水平整体较低，且具体项目尚不完善，很难使低保对象能够彻底摆脱贫困。尤为突出的是，沈阳市农村低保制度的实施晚于城镇低保制度，而且长期以来的政策倾向都是偏重城镇低保制度而忽视农村低保制度，再加上农村相比于城镇在客观条件上处于劣势地位，进而导致农村低保制度的实施效果受到限制，城乡低保制度的差距偏大，不利于农村低保制度的良性运行。在进行调研的过程中，课题组对沈阳市四个地区的低保情况进行了调查，并从中搜集到可靠的资料及数据，为撰写此章奠定了坚实的基础。通过对调查数据的统计分析，真实地掌握了目前沈阳市城乡低保的运行现状，并在调查中发现了城乡低保制度运行中存在的主要问题，即城乡低保制度在保障内容、标准、资金筹集等方面均存在较大差距，无法满足低保对象的实际需求。通过分析还可以得出，沈阳市当前已经具备了低保制度城乡统筹的基本条件，沈阳市户籍改革的开展也可以为这一目标的实现提供有利契机。

第五章　沈阳城郊农村最低生活
保障的调查研究

2010 年 5 月 8 日为全面调研农村最低生活保障的情况，课题组先后六次对沈阳市苏家屯区和沈北新区进行了民政干部座谈，街道（2010 年开始农村乡转街道）民政专干、农村村委会干部，以及农村低保户做了全面访谈。重点调查了沈阳市苏家屯区、沈北新区农村贫困群体的实际生活状况和农村低保制度运行情况。

一　沈阳苏家屯区农村低保实施状况的研究报告

苏家屯区位于沈阳的南部，距市中心 15 千米，总面积 781 平方千米，人口 43.5 万人，其中农业人口 19.2 万人，占该区总人口的 44.1%，① 是沈阳市九个市辖区之一。近年来，苏家屯区的农业产业化带动了农业结构的深刻变化，绿色农业和品牌是其农业发展的重点。

作为沈阳市农村低保工作试点区的苏家屯区，从 2005—2010 年在市政府的统一部署的前提下，低保标准先后进行了 5 次调整，调整政策见表 5 - 1：

---

① 以上数据来自沈阳市苏家屯区政府网。

表 5 - 1　　　　　　　　　苏家屯区农村低保标准调整

低保政策实施年份	苏家屯区农村低保标准（元/人/年）
2005	1000
2006	1200
2008	1800
2009	2100
2010	2300

数据来源：沈阳市民政局提供。

到 2010 年，苏家屯区农村低保户 2010 户、3989 人，占全区农业人口总数的 1.9%，[①] 苏家屯区农村低保标准为 2300 元，按民政部门执行的政策标准，基本实现了应保尽保，低保工作进展顺利。为实际了解农村困难群众的生活状况及农村低保制度的运行情况，国家社科基金 "农村最低生活保障制度的推进政策" 项目调查组于 2010 年 5 月在苏家屯区民政局、苏家屯区林盛街道办事处（原林盛镇政府）、苏家屯区陈相街道办事处（原陈相屯镇政府）进行了民政干部一级的座谈，并在两个街道办事处与低保户和低保工作人员进行了结构式访谈和深度访谈。本章主要对苏家屯区的访谈调查和问卷调查的情况做了统计分析。

（一）苏家屯区调查样本的构成及其基本概况

1. 低保家庭概况

调查采取深度访谈的方式，对象为调查时享受低保的农村贫困人口，在苏家屯区 2 个镇回收有效问卷 100 份，对 100 户低保家庭进行了调查。基本情况如下：

在调查对象 217 人中，男性为 114 人，占 52.4%；女性为 103 人，占 47.6%。男性所占比重大于女性。样本平均年龄为 49.05 岁，本次

[①]　数据来自苏家屯区民政局。

调查对象的具体年龄结构见表 5-2 所示：

表 5-2　　　　　　　　　　调查对象的年龄分布情况

年龄	人数	百分比（%）	累计百分比（%）
14—30 岁	27	12.4	12.4
31—50 岁	56	25.8	38.2
51—60 岁	63	29.0	67.2
61—70 岁	48	22.3	89.4
70 岁以上	23	10.5	100
合计	217	100	

数据来源：本次调查的数据整理结果。

文化程度方面，样本中小学及以下文化程度者高达 123 人，占 56.7%，初中文化程度者 57 人，占 26.3%，可见，农村低保人口的贫困不仅是经济贫困，更是文化水平的贫困。婚姻状况方面，在样本中，已婚且配偶健在的 125 人，占 58%，样本的婚姻状况具体见表 5-3 所示：

表 5-3　　　　　　　　　　被调查者的婚姻状况

婚姻状况	人数	百分比（%）	累计百分比（%）
已婚且配偶健在	125	58	58
未婚	54	25	83
丧偶	27	12	95
离婚	11	5	100
合计	217	100	

数据来源：本次调查的数据整理结果。

职业结构方面。在被调查者中，无劳动能力者 146 人，占 67.2%，务农者有 42 人，占 19.3%，务农或没有劳动能力的贫困人口占到样本总数的近 90%。可见，无收入或收入来源单一，是导致其家庭贫困的重要原因。

2. 基本生活状况

为掌握低保家庭的财产状况，调查设计了三个指标，即①是否有田地；②家里是否买过家用电器；③是否拥有住房。调查发现，只有24人家里有田地，且大都由本家庭成员耕种，也有部分没有劳动能力的低保对象把土地转包出去，依靠转包费维持生活。大部分低保家庭除了维持日常生活支出外，基本无力购买日常耐用消费品。在住房方面，虽然所有低保对象都有自己的住房，但其房屋大多为砖瓦或石瓦房，占87.7%，还有个别低保户住房条件极差，为土坯房，占6.2%，且房屋建造时间久远。

农村低保对象身体健康状况普遍较差。被调查者中有身体或精神残疾的比例高达21.9%，有重病或慢性病的高达61.7%。因病致贫、因病返贫是导致低保家庭生活困难的重要因素。调查中发现，农村特困居民医疗救助制度的施行，受到了低保户的普遍欢迎，被调查者基本都享受到了医疗救助，低保户可享受门诊报销80元、住院报销总花费的15%，但最高额为5500元。可见医疗救助只能在一定程度上缓解低保家庭沉重的经济负担，不能解决其根本性问题。调查发现，很多低保户认为新农合及医疗救助的标准偏低，个人负担的费用仍然很多，不能真正解决"看病难、看病贵"的问题。

调查对象的经济状况方面，2009年苏家屯区农村居民年均纯收入为8000元，而被调查者2009年的人均收入是2850元，仅为全区平均水平的三分之一。在被调查者的总收入中，低保金收入为年平均2550元，可见，大多低保户仅靠低保金生活。在支出方面，看病吃药成了低保家庭的主要支出，占39.5%。食品支出占30%左右，两者构成了低保家庭的主要支出内容。调查发现，被调查者基本没有储蓄，甚至有的家庭还要靠借贷维生，有债务的低保家庭比例高达40%，从借贷原因来看，因为治病而借贷者的比例高达67.8%。可见，低保家庭主要依靠政府的救助维持基本生活，收入来源比较单一，且大多低保家庭是因病致贫，高昂的医疗费用使他们很难真正地摆脱贫困。

（二）低保救助的整体情况

苏家屯区被调查的对象，主要集中在 2007—2009 年间开始享受低保，调查对象中，23% 的家庭是从 2007 年开始享受，16% 的家庭从 2008 年开始享受，20% 的家庭从 2009 年开始享受。说明苏家屯区与辽宁省其他地方一样，农村低保制度的推进和覆盖面的扩大均是从 2007 年起得以全面推广，并达到应保尽保的。

按照沈阳市政府规定，2010 年苏家屯区的低保标准是 2300 元，调查统计显示，被调查者月人均救助额为 87.5 元，而苏家屯区农村低保户的月人均救助额为 77.15 元。2007 年，沈阳市农村低保金实行社会化发放，农村低保金由农村信用合作社系统按季度代为发放。低保对象主要是通过银行直接按季度发放低保金，个别家庭是村里直接发给现金或自行到乡镇以现金的方式领取。

调查中还发现，低保家庭在生活中仍面临着许多难以解决的困难，非常需要政府和社会给予帮扶。如给参合的成员以医疗救助，农村贫困户建房补贴 25000 元/户，"两节"补助 400 元/户。可见，许多农村低保家庭除了享受政府的低保金外，还享受到了其他社会救助。

（三）苏家屯区低保制度的政策推进状况

基于本次调查所发现的问题以及影响因素分析，从政策层面对城郊地区的农村低保制度的实施做以下诠释：

1. 区域内对救助人口收支信息的掌握

低保家庭收入核定难的问题，沈阳市结合最低生活保障标准，分类别、分情况制定了保障对象的条件与范围。调查发现，低保户家庭收入核定难主要是因为农村居民的收入不稳定、一些隐性收入难以计算，因此，正在有序地与房产中心、银行等机构进行联网掌握真实的农民收入。在制订农村低保标准时在充分考虑当地经济发展水平和财政承受能力基础上，分类确定低保标准，对有残疾证的低保户，按伤残级别确定残疾人救助标准。对老年人尽量按年龄组确定标准（如60岁档、70岁档、80岁以上档）。

2. 按生活地域划分，缩小城乡保障标准

虽然从2010年元旦起，沈阳市居民统一登记为居民户口。但在低保政策实施上，还未做到城乡统一。沈阳市苏家屯区紧邻沈阳浑南开发区，尽管农业人口居多，但城乡居民同地混居极为普遍，保障标准掌控异常艰难。所以，苏家屯区民政部门采取了过渡政策缓解城乡矛盾与差距。例如，目前城市低保标准略高于农村低保标准，为了逐步实现城乡低保"一体化"，可以暂时保持当地城市居民低保标准不变，同时稳步提高农村低保标准，以实现低保标准逐步统一。打破了固有的城乡差异，按居住区域的生活水平来划分低保标准，在实际操作中尝试探索阶梯式的低保标准。

3. 组织管理体系的规范化

调查发现，低保工作人员的办公条件较差、待遇较低，从沈阳市苏家屯区的情况来看，从事农村低保工作的基层管理人员少，如陈相街道和林盛街道（均为2010年由乡政府改为街道）均是原有的乡镇政府设的1名民政专干兼做低保工作，他们均不是公务员编制。还有农村社区（原来的村居委会）干部均为兼职管理低保工作。在现场调查中，我们发现：由于市区级民政部门对低保管理工作的规范化要求，陈相街道和林盛街道民政办公室里，均设有专门的档案柜，放置了全套的低保家庭和相关救助资料，如家庭成员的收入情况、家庭财产状况、健康状况、工作经历等一系列资料，并由区民政部门建立统一的数据库，以核实其真实性、准确性和可靠性。这些数据在民政、财政、银行等部门实行信息资料共享，切实提高低保工作的效率。

二　沈北新区农村最低生活保障推进的情况

沈北新区是沈阳市九个市辖区之一，地处市区北郊，总人口约为

28.3 万人，其中农业人口 19.2 万人，约占总人口的 67.8%。沈北新区是以农产品加工、食品加工以及现代都市农业为主的示范基地。

2005 年 7 月沈北新区启动和实施了农村低保，截至 2010 年 6 月，沈北新区农村低保标准为 2300 元，月人均救助额为 70 元，农村低保户 1184 户，2616 人，占全区农业人口的 1.36%。

调查组于 2010 年 6 月至 8 月在沈北新区两个街道①（辉山街道办事处和新城子街道办事处）通过当地低保工作人员的座谈、低保对象的深度访谈，对农村居民低保制度实施的现状做了访谈和问卷调查，具体情况如下：

（一）沈北地区低保制度的实施状况

1. 沈北地区农业生产及受助人口的总体情况

（1）调查地农业人口多，家庭生产结构单一

沈北新区农业人口占全区总人口的七成，但耕地面积少，全区为 73.5 万亩（占总区域面积的 55.74%），人均播种面积少（仅为 3.82 亩）。由于地处沈阳城区北部，农业集中地区距城区远近不一。村民大多是靠种地为生，家庭经营主要是粮食种植业，生产结构单一，一亩地收入 601 元②，一年下来的收入极为有限。

（2）救助金是维系低保家庭基本生活的主要来源

沈北新区的农村居民主要以土地的粮食收入为主，2009 年农民人均纯收入为 9693 元，其中人均家庭经营性收入仅为 4503 元③，月人均收入为 375.3 元，不仅收入水平低，且收入来源也较为单一。座谈和访谈发现，大多数的低保户的收入来源主要是政府提供的低保金和一些家庭经营性收入（少量的种植收入），也有一些完全靠低保金生活。

---

① 沈北新区辖 7 个街道、2 个镇、3 个乡、2 个民族乡。
② 根据《新城子乡农村土地收入评估标准》，601 元为水旱田均收入。
③ 数据来源：《2010 年沈阳市沈北新区政府工作报告》。

在访谈中，当问及"困难家庭脱贫过程中谁的作用重要"，相当一部分人认为是政府。可见，低保金的确是保障低保家庭的最基本生存的"养命钱"，低保的保护作用已经根植于低保户的安全意识之中。

（3）无劳动能力的受救助人口多，且医药费支出多

这里的农村低保户具有低保户的普遍特点，健康情况差，因病致贫、因病返贫较为严重。调查发现，在沈北新区低保户中，因残疾而丧失劳动能力的人口居多，大多数残疾人没有劳动能力，一部分人连自我维持生活的能力都几乎没有。一般在这类家庭中家庭支出的大部分为医疗费开支，沈北新区根据《沈阳市城乡特困居民医疗救助实施意见》[沈民（2009）107 号] 的规定，实施的是"农村低保户在享受新农合后，可以向当地民政局申请二次救助，可享受门诊报销 80 元，住院报销除去新农合后自付费用的 15%，一次最高金额不超过 3000元，全年不超过 5500 元"的统一政策。

通过调查发现，农业人口多、人均收入水平低、农民健康状况差成为沈北新区农村低保家庭贫困的主要原因。

2. 调查对象的基本概况

调查对象为调查时点享受低保的农村人口，在沈北新区进行的结构式访谈调查的 102 户低保家庭、207 个低保对象，调查对象的基本情况是：

性别结构：在 207 的低保对象中，男性为 105 人，占 50.7%；女性为 102 人，占 49.3，调查对象性别比例基本合理。

年龄结构：样本平均年龄为 53.15 岁，本次调查的农村低保对象60 岁以上的老年人口居多，占调查对象的 38%。50—59 岁的人员为26%。18 岁以下的少年为 9%。老年低保人口居多的现象也与全区的情况基本一致。

家庭规模结构：样本调查对象所属家庭的户均规模为 2.32 人。其

中 1 人家庭占 36.6%；2 人家庭占 31.3%；3 人家庭占 32.1%。独居生活的低保对象为 1/3，特别是身体残疾、老年人等劳动能力较差的人口独立生活的人口却比较多，他们日常生活缺少他人照料。

婚姻状况：被调查的 102 户中，已婚且配偶健在的占 62%，丧偶占 21%，一部分低保对象由于没有配偶，两代人相依为命，有的还是身患重病，生活上得不到很好的照顾。

受教育程度：样本中小学及以下文化程度者占 41%，初中以上文化占 18%，文化程度贫困和教育贫乏的缺失是造成贫困的根本原因。

从年龄结构上看，50 岁以上的人口享受低保待遇的最多，占到样本总数的 64%，可见农村社会保障离"老有所养"的要求还有一定的差距。从致贫原因上看，文化水平低下和教育资源匮乏是与全国造成农村社会贫穷的因素完全一致的。调查显示，农村低保对象普遍缺乏技能，在样本中农村低保对象都没有参加过技能培训，受教育程度和专业技能是影响农村低保对象求职行为和就业能力的重要因素。

（二）沈北新区农村低保制度推进的基本情况

沈北新区实施农村最低生活保障制度开始于 2005 年，截至调查时点，已经覆盖了全区 11 个乡镇的低保工作，在民政部门的强力推动下，正在逐步步入正规化、规范化和信息化的轨道，其实施办法依据沈阳市政府下发的文件具体操作，具体情况如下：

1. 保障对象集中在"老弱病残"

从现有的沈北新区低保对象的构成来看，农村低保人员以病、残人员为主。样本中残疾人占 32%，重病人员近 25%，也是该区低保对象的主要组成人员。调查对象中 50—59 岁的人员享受低保待遇人口为最多，占调查对象的 26%，其中残障人口居多。其次是 60 岁以上的老年人，占到样本总低保人口的 38%。这也说明沈北新区农村的社会保障体系尚不完善，新型农村养老保障和新农合尚未成熟，一部分残疾人和老年人需要靠农村低保来维持最基本的生活。

2. 保障资金过度依赖财政的转移支付

最低生活保障资金来源主要是政府的各级财政。沈北新区低保资金主要是中央的财政拨款和地方配套补给，不足部分由市、县财政按1:1的比例负责。据介绍，沈北新区每年在财政配套之外，在区财政预算允许的情况下，也会适当拨款救助低收入群体。2009年该区财政给予低保拨款6万元，用于低保户的临时救助，当然金额有限，但也一定程度上提高了低收入群体的保障水平。

沈北新区农村低保待遇的发放与沈阳市其他地区一样，是按季度以货币形式进行社会化发放，低保户凭借银行存折到农村信用社进行领取。低保金一般在一个季度中间的月份打入低保对象的存折中，这样也确保了资金按时、足额发放。

3. 政策执行上的灵活救助与差别救助

沈阳市政府规定，家庭人均年收入低于政府规定的当年的低保标准，就可申请低保救助，2010年沈北新区的农村低保标准是年人均2300元，月人均救助标准约为192元，实际沈北新区农村人均救助额度仅为70元。调查显示，样本的低保对象月人均救助额为79.4元，略高于沈北新区农村的平均低保救助水平。缘于调查所在地新城子乡距沈北新区中心城区较近，居民消费性支出略高于本区其他的乡镇，所以也提高了救助额度。

4. 阶梯式的制度衔接

沈北新区按沈阳市政府要求，还落实了医疗、建房、"两节"救助、就学救助、就业援助和突发性临时救助等救助政策。首先将低保户进行分类救助，然后，通过层级式的制度衔接，使低保救助更加人性化、全面化。具体做法是：享受医疗救助的低保对象，必须在先享受新农合后（低保户免费享受新农合）才可以享受二次救助。贫困户建房救助为每户20000元，"两节"救助为400元，教育救助为3000到7000元不等。

另外，对农村低保边缘户的救助制度。农村低保边缘户的救助标准是家庭人均收入超过农村低保标准的20%，即2300—2760元。目前，沈北新区共有农村低保边缘户107户，223人。低保边缘户不享受低保金的补助，但可以享受相关的保障政策，标准为低保户标准的60%。

通过调查发现，沈北新区在低保资金的来源、低保标准的差异和低保制度衔接的层级上具有自上而下、因地制宜和层级衔接的特点，体现了地处城乡结合城区的特色。同时可以发现：农村老年人口、残障人口和重病人口是享受低保制度的主要人群，这与我国农村人口老龄化、因残致贫、因病致贫的社会现实相一致。

三 沈阳市农村低保实施过程中存在的问题

从苏家屯区和沈北新区的调查中我们发现，两地由于同处沈阳近郊，城镇化进程不断加快，当地农村居民与城镇居民混居现象较为普遍。尽管两区的低保工作在市民政局的政策指导下，工作开展顺利，基本做到了应保尽保，但在落实农村低保制度过程中也出现了政策难以掌控、工作难度大的问题。具体表现是：

（一）家庭收入和消费支出测算难

由于农民收入结构复杂，大多数农民从事农业生产或务工的工作，没有收入凭证为依据，低保对象的收入核查难度比较大。其原因，一是无法准确核算农村居民实际的货币收入；二是无法确定是否有外出务工收入，个体企业难以开出真实的工资证明，很难真实地反映出贫困家庭的现状；三是无法准确核算老年人口的赡养费。此外，研究还发现，由于低保金的申请是以户为单位的，常有人为得到低保金而假离婚的，个别家庭为了减轻供养负担，为公认有负担的人口单独申请低保，但实际上仍然在一起生活。如沈北新区的月人均救助额低于沈阳市平均救助额度。原因是几年来沈北新区农村低保标准也逐年提高，2010 年该区的低保标准与沈阳市其他郊区统一为 2300 元，而 2009 年沈北新区农民人均纯收入为 9693 元，低保标准却仅为人均纯收入的四分之一。沈北新区距离沈阳市区远近不一，距离近的农村受市内经济发展的影响，农村生活必需品价格也很高，距离远的农村的影响却并不大。所以，距离城区近的农村低保户，如果以年人均 2300 元的低保金维持基本生活则举步维艰。再者，该区的城乡低保水平差距较大，2010 年上半年该区城市低保人均救助额为 214 元，是农村低保人均救助额 70 元的 3 倍。农村的低保家庭，家庭成员多重残、重病、丧失劳动能力以及医药费用开支等过多，所以，单纯地凭家庭收入核实收入也极不合理。调查发现，低保对象资格的确认，最大的问题是收入缺乏有效的核定标准。据当地乡镇干部反映，农作物收成受季节性和自然灾害等影响较大，收入难以货币化。而且也存在一些隐性收入，工作人员在核实过程中也难以取得最真实的数据。

沈北新区和苏家屯区是沈阳农村城镇化发展的缩影，失地农民规模大，人员较为集中，他们没有了土地，收入的核实就更难确定。另外，一些家庭因子女教育费用支出高，以支出型贫困为名被纳入低保救助对象，这些家庭往往是最有希望脱贫的家庭。当子女就业后这些家庭的情况就会好转，就应退出低保救助体系，但个别低保户的子女已经就业，仍领取低保金的现象依然存在。

（二）城乡分割的低保制度使工作运行难

按照《辽宁省深化户籍管理制度改革若干规定》[辽政办发（2009）30 号] 和省公安厅制定出台的《沈阳经济区户籍管理制度改革的实施意见》等文件精神，沈阳市户籍性质划分取消后，新办户籍的低保对象归属问题一直没能明确，低保待遇依然存在差异，比如，农村低保户就得不到政府的取暖补贴，造成受助待遇的不公平。另外，研究发现，存在拿城市低保却居住在农村的现象，农村消费水平相对较低，所以他们生活状况相对较好。同样也有失地农民因搬进楼房，物业费、取暖费等各种费用增多，农民生活水平下降的情况，造成城乡居民生活差距进一步拉大。这种因制度导致的与现实生活不符的问题，均使基层救助工作出现困境。

（三）低保行政管理体制漏洞使得有序管理难

从事农村低保工作一般是由市、县民政部门和乡镇、村来具体承担。民政工作复杂、涉及面广，尤其乡镇基层民政干部工作任务更为繁重。苏家屯区级负责农村低保工作的人员有两人，乡镇负责农村低保工作的人员有两人（一名民政助理和一名阶段性工作的协管员），由于乡里无低保工作人员编制，政府提供的协管员经费（人年均1万元）偏低。沈北新区各个村里没有专干，乡里3个负责低保的工作人员并不是专职低保工作人员，他们身兼数职，全面负责农村低保、自然灾害救助、五保供养等诸多工作。村一级的低保工作基本是难以推进，基本是由村干部和会计兼管。由于从事低保管理工作人员素质参差不齐，低保工作落实"走样"现象时有发生。较为普遍存在的问题是低保工作人员工作难做，大多贫困户文化程度偏低、素质差，"闹访"的现象时有发生。由于现有的信访制度不健全，民政工作人员被闹访缠身使办事效率降低，工作分心、人身安全困扰，导致患有心理疾病人员剧增，影响正常的工作开展。

此外，由于农村低保对象居住分散，村与村之间距离较远，交通不便的低保入户调查、审查复核等工作很难落实，工作人员数量的不足，身兼数职现象普遍，一定程度上都影响低保对象认定工作的客观性。

还有，工作人员办公条件简陋。一个乡镇仅有一台电脑，一台打印机和一台扫描仪，这些设备还是 2005 年沈阳市民政部门统一发放给各个乡镇的。而农村低保工作中许多具体事项，如打印低保对象审批表、档案等等，都需要大量的计算机录入工作和一定的成本经费，这些经费基本难以落实，在一定程度上也制约了低保工作的顺利开展。

（四）难以落实的动态管理工作

截至 2010 年 6 月，沈北新区农村低保对象中老年人为 969 人，占全区总低保人口的 33.22%，他们由于没有收入来源而被列入低保对象的范围。这些老年人基本上靠低保金维持基本生活。另外，由于沈北新区在城市化进程中失地农民较多，这些失去土地的农民没有稳定的收入，也不是新型农村养老保险的保障对象。所以，沈北新区作为失地农民较为集中、城镇化进程发展较快的典型区域，应针对老年低保对象无法退出低保的实际情况，单列一笔资金给失地的老年低保对象补偿发放老年津贴，以此缓解低保对象老年人口比例大，难以实现动态管理的现状，使低保金真正用来保护那些不断有保障需求的贫困人口。或者制定必要的政策，使低保制度和其他救助制度有效结合。

最低生活保障制度从运行之初就面临着一个难题——如何既能保障贫困群体的基本生活又能避免养懒汉。调查中我们也发现，由于制度缺少细化，利用低保制度实施细则的不明确，千方百计地钻空子也大有人在。据乡镇干部介绍，一些低保对象为了能够参加低保制度，采取种种办法。如少报收入、隐瞒财产，更有甚者为了获取低保金而假办离婚的现象时有发生。同时，在申请过程中也出现了"关系保""人情保"等现象。这既有社会诚信缺失的原因，也有低保制度本身设计的问题，使一些人为了拿到低保金而甘冒道德风险。

"有困难，找低保"即是政策深入人心的写照，令人担忧的是低保什么都能装，生存全托政府的意识也日渐形成。比如一些残疾人，当他们生活发生困难时不会去找残联，反而把一切希望都寄托于低保制度；一些村民生病了并且参加了新农合，但他们还会先去向低保部门求助。其实，农村的社会救助，农民生活的稳定不能仅仅依靠最低生活保障制度，还要与其他的社会制度共同来解决。

四　沈阳低保救助工作的政策选择

伴随着辽宁沿海经济带的开放开发，大沈阳的建设工程已经迅猛推动着沈阳的城市化进程。然而，城乡分治的最低生活保障制度却严重影响着沈阳城乡低收入居民的生产和生活。对此，统筹城乡最低生活保障制度，也成了解决民生问题的关键所在。

（一）分类救助与阶梯式救助并行

被农村低保制度救助的低保对象中，具有劳动能力及部分具有劳动能力、无劳动能力者并存，众多低保对象致贫原因各不相同。除了无劳动能力的人口，因病、因灾、因残疾或突发性自然灾害等原因造成生活困难的人口较多。因此，界定农村低保对象，除了核查现有的家庭人口、收入状况、生活费支出和致贫原因等情况，还应考虑分类别、分情况制定动态的保障条件和保障范围，以使保障更全面、更有针对性。

调查发现，因为农村居民的收入不稳定、一些隐性收入难以核算，就可以考虑与房产中心、银行等机构进行联网，以便掌握真实的家庭收入。对有残疾证的低保户，按伤残级别确定残疾人救助标准。对老年人尽量按年龄组确定标准（如 60 岁档、70 岁档、80 岁以上档）保障标准。还有，对承包田和宅基地如何固化为月人均收入，有劳动能力的人口基于什么样的条件来按照行业收入评估标准或按最低工资收入核算，"同地区同标准"如何实现等问题，均需要做仔细的研究。

所谓分类救助主要是针对不同的低保对象需求实施基本生活救助、

单亲家庭学龄儿童的生活补贴、义务教育阶段的教育救助；对有劳动能力的低保对象的救助目标，应从保证温饱的生存型保障向发展型保障过渡，通过就业援助实现生产自救、劳动脱贫；对于贫困边缘群体，更应防止其返贫，可以提供小额低息贷款、就业培训等，促进自身发展，早日走出贫困。

所谓阶梯式救助，从应急的角度考虑主要是针对统一居民户口后，在低保制度实施并未做到城乡统一，采取过渡性政策缓解因救助标准带来的城乡矛盾。例如，目前城市低保标准略高于农村低保标准，为了逐步实现城乡低保"一体化"，可以暂时保持城市低保标准不变，同时稳步提高农村低保标准，以期实现低保标准逐步统一。从制度救助效果考虑主要是依据居民基本生活需求、地区经济发展水平、物价水平、消费水平和财政承受能力等客观因素，打破固有的城乡差异，按居住区域的生活水平来划分低保标准，在实际操作中尝试探索阶梯式的低保标准。

救助标准也应根据当地农民生活水平和政府财政能力来确定低保标准，改变以往同一城市内几个行政区统一划标，搞一刀切的做法。低保标准应按照不同低保对象和致贫原因制定层层递进的阶梯式的保障标准，并尽快完善调整机制。

（二）低保救助与其他保障制度的关系

随着我国居民养老保险和医疗保险制度在全国范围内迅速普及，尤其是在城乡低保制度逐渐得到统筹构建的前提下，尽快探索低保制度与养老保险制度的有效衔接十分必要。如，参加养老保险的家庭中，如果因收入减少或支出增加导致贫困，可通过制度明确贫困人口的缴费问题，落实贫困的参保对象，个人的缴费额度可以部分减免或全面减免缴费，减免期间可计算缴费年限。对那些达到养老金支付年龄的低保对象，缴费年限和减免年限相叠加，如果符合支付养老金条件的低保对象，可转至以领取养老金代替低保金。对无劳动能力的残疾人可直接获取残疾人的生活保障金。原因是那些贫困老人和残疾人是不可能进行"发展型救助"的，如果不与其他制度有效衔接，这部分低保对象将永远滞留在贫困人口之中，根本无法进行动态管理。

还有，如果将低保制度与医疗保险制度对接好，也可以减轻那些因病致贫、返贫人群的生活压力。所以，政府在通过全民健康保健促进国民健康生活水平提高的同时，通过医疗救助和大病统筹作为医疗保险的补充制度，让贫困人口小病及时看，大病看得起。从根本上遏制贫困人口较频繁的因病致贫、因病返贫的问题重复出现。

在政策推进的方式上，实行保障基本生活与扶持生产、扶贫开发相结合、国家救助与社会互助相结合的原则。与失业保险制度做好有效衔接，建立劳动激励机制，引导低保人员靠劳动自救，先"输血再造血"，鼓励和帮助脱离贫困，走上自力更生的道路。

（三）联网互动和规范管理

低保工作量大且烦琐，通过电子政务管理和信息技术平台建设管理最低生活保障制度的实施是当务之急。所谓联网互动是指建立个人收入、支出、储蓄、资产等数据共享的网络体系。即将低保对象家庭成员的工作经历、健康状况、收入情况、家庭财产状况等一系列资料建立统一的数据库，随时核实低保对象申报材料的真实性、准确性，建立的共享数据可在民政、财政、银行、房产等部门共享。

所谓规范管理，既包括工作人员的人才管理，也包括对低保制度执行的监督管理。调查发现，从事农村低保工作的基层管理人员少、专业素质偏低、工作压力大、办公条件较差、劳动待遇低、工作效率差等是普遍存在的问题。由于做好低保制度的运行工作，事关社会稳定的大背景。那么，在提升管理工作者的专业素质和业务能力上，可通过改善办公条件，提高劳动待遇、做好专业培训、促进专业对口的大学生就业等方式尽快提升管理工作队伍素质。对社区一级的社会保障干事，可以公益岗位的名义统一招聘社会保障专业的大学毕业生为社区提供标准化服务。

此外，规范管理还包括对制度的监管，为实现低保制度的动态管理，及时、准确、客观的监测受保人群的收入变化，完善收入核查机制首当其冲。但在制度实施的透明度上还要通过多种渠道加大低保政策的宣传力度以及对行政执法的监督管理。对保障标准、工作程序、救助人员、工作投诉等做定期公示，增加低保工作的透明度，自觉接受群众和社会监督等均需要落实到位。

本章结语

本章通过对沈阳苏家屯区和沈北新区的实证调查，对沈阳较为敏感且矛盾凸显的农村最低生活保障制度做了现状分析、问题探究及对策建议的解释性研究，为接下来我国统筹城乡的最低生活保障制度的形成做了前期资料的积累。在接下来构建城乡一体的低保制度中，需要思考的问题是如何理解自我保障和制度保障的关系、低保标准和救助额度的关系、提标和扩面的关系。

第六章　农村低保标准的测量与
低保对象的识别

——以湖南省永兴县农村低保为例[①]

一　问题意识

（一）研究背景

农村最低生活保障制度是指生活水平低于贫困线以下的特困农民均可纳入保障范围。农业人口占总人口约76%的湖南省永兴县，2009年采用了家庭人均年收入低于840元的救助标准，政策制定的原则是什么？制度是如何调整与完善？带着这些问题，由"农村最低生活保障制度的推进政策研究"课题组在湖南省永兴县进行了调查研究。

湖南省于2005年以省政府令（第221号）发文要求各县、市、区建立农村低保制度。2006年，作为湖南经济强县的永兴县开始推进低保制度，至今已四年有余，制度已覆盖全县所有农村人口。这一重大惠农政策对于缓解永兴县农村贫困，统筹城乡发展起到了巨大的作用，社会居民对政府的认可程度得到加强。但是也需承认，由于制度实施时间不长，又没有一个具体的操作性办法可供借鉴，不可否认存在一

①　本章为国家社会科学基金项目"农村最低生活保障制度的推进政策研究"永兴县调查的阶段研究成果，本成果已经形成硕士研究生毕业论文。

些制度执行的问题，而导致制度在实施过程中的质量和效果不尽如人意。因此，本章以湖南省永兴县农村低保制度实施为主线，从实证分析的角度为永兴县完善农村"低保"提供理论依据，并为政府提供可操作性的政策建议。

（二）理论意义和现实意义

本章主要倡导用家庭收入、群众评议与完善贫富排序法相结合的方法识别农村低保对象，按照农村人均可支配收入测定贫困标准线（农村低保线），统一民政救助平台，建立贫困监测体系等方面在当前制度实施较具可行性。同时在制度操作中强化社区居民的参与，更能增强居民对制度的认同感与责任意识。

本章通过对湖南省永兴县农村低保制度的对象识别、保障水平、资金筹集、组织建设和制度衔接等方面的深入调查研究，力图能使该县农村低保制度更加完善，救助效率与效果有效提升。从此意义上来说，本章具有重要的政策和实际功效。

（三）调查地概况和调查方法

1. 调查地背景概况

本次调查实施地为中部省份湖南省的永兴县。永兴县，地处湖南省东南部，郴州市北陲，地理坐标为东经 112.43°—113.35°，北纬 25.58°—26.29°。南枕南岭接珠三角，北以衡山通长株潭，土地总面积为 1979.4 平方千米。境内以丘陵为主，山地、岗地、平原俱全，河流密布，属亚热带季风气候，雨量充沛，光照充足，气温适中，四季分明，年平均气温约 17.5℃。全县人口 64.13 万，农业人口 49 万，辖 8 镇 17 乡。2006 年，湖南省永兴县启动和推进了农村最低生活保障制度（以下简称"农村低保"），2007 年、2008 年审定落实农村低保对象户数、人数、以及发放低保金额逐年增加（表 6 - 1）。2009 年全县实现 GDP107.2 亿元，完成财政总收入 7.66 亿元，城镇和农民人均纯收入达到 13738 元和 6035 元。①

表 6 – 1　　　　　　2006—2008 年永兴县农村低保救助情况②

年次 ＼ 详情	户数	人数	家庭人口数	占农业总人口比例	发放低保金（万元）	月人均救助金额（元）
2006 年	8498	11887	1.4	2.4	536	38
2007 年	9600	16165	1.7	3.3	600	31
2008 年	9701	20500	2.1	4.2	860	35

表 6 – 1 显示：尽管发放低保金总量在逐年增加，但月人均补助金额度并没有明显变化，甚至有减少的倾向，从家庭人口数来看，也显现出增加的倾向。也就是说，救助对象增加了，但救助额度减少了。这些问题产生的原因是什么？救助标准的设定是否合理？都成了课题组的关心所在。

我国农村贫困具有区域性贫困、绝对贫困化程度深、经济发展进程缓慢、救助对象返贫率高、特困程度顽固、人口健康素质差等特点，这些都与贫困地区当地的地域、经济、政治体制、贫困文化、城乡分割制度、救助方法的欠缺等因素密切相关。为使调查研究更切合实际并发现问题，结合上述贫困的特征及影响因素分析，湖南省永兴县是作为此项目的一个样本点进行调查研究的。调查在与永兴县民政局低保中心有关工作人员座谈后，依据当地的自然条件、经济基础和贫困程度，从全县 25 个乡镇中随机选取了六个乡镇作为重点调查样本乡。调查队根据永兴县各地区在经济状况和交通状况的差异程度，将该县根据经济发展状况划分为三个区域，并分别专访了其中的六个乡镇（见表 6 – 2）。

---

① 《2009 年永兴县国民经济和社会发展统计公报》，网址：http://www.yxx.gov.cn/zwgk/tjxx/tjgb/content_3063177.html。

② 本数据是笔者根据《2006 年永兴县国民经济和社会发展统计公报》、《永兴县统计年鉴 2008》、《2008 年永兴县国民经济和社会发展统计公报》进行整理形成的。

表6-2 永兴县农村低保实施情况调查区分布

乡镇名称		经济状况		
		好	中	差
交通状况	△1	湘阴渡镇	太和乡	千冲乡
	△2	城效乡	香梅乡	大布江乡

资料来源：此调查表六个调查乡镇为笔者根据民政局三类救助乡镇随机抽取。

课题组通过与当地乡镇干部、村干部、低保对象的座谈和结构式访谈的方式，对永兴县最低生活保障的实施状况及其存在的问题做了调查研究。调查发现永兴县农村贫困的主要特征为区域性贫困、贫困程度深、社会发展程度低、返贫率高、特困顽固、人口健康状况差，这与其当地的地域、经济、政治体制、贫困文化、城乡分割制度、救助方法的不完备等因素密切相关。

2. 样本的基本情况

本调查分两个时间段：第一次于2009年1月15日始，2月15日结束，历时1个月。调查方案主要是与县民政局、乡（镇）民政站、村（行政村）委会三级政府官员和低保对象分别座谈和结构性访谈，着重了解当地经济的发展情况、农民致贫原因和农村贫困状况。第二次调查于2010年6月初始，7月初结束。主要进行抽样问卷调查。从调查的六个乡镇中按经济好、中、差层次，分层抽样，每个层次各抽取一个样本乡，样本乡为黄泥乡、高亭乡、大布江乡。每个样本乡代表不同经济状况的乡镇类别。再按照随机抽样方法从获得的3个样本乡中，每乡随机抽出40户低保户，这样共获得120户农民。再从获得的120户农民家庭中各随机抽取1名在家的成年人作为问卷受访对象。此次调查共发放问卷120份，收回108份，有效问卷100份。

3. 研究方法

本章将对永兴县农村低保制度与城市低保制度比较分析，以及与其他已经建立农村低保制度县市进行对比发现问题，找出差距及原因所在，借鉴各地经验，使永兴县农村低保制度更加完善，效果更好。个案访谈法主要是与民政局工作人员、乡镇民政站工作人员、村干部，农村居民、低保对象进行座谈。主要目的是发现问题，分析问题产生的原因。

4. 研究的创新

首先，研究提出一个与永兴县经济社会发展、物价指数、财政承受能力相适应的弹性的贫困保障标准调整机制。本研究提出采用与当地统计局发布的农村居民年收入相挂钩的一个弹性贫困标准，并运用贫困救助力度系数与生活救助系数对永兴县贫困救助水平进行量化评估。

其次，研究提出了建立永兴县综合测贫指标来监测永兴县各乡镇贫困程度，用以更好地做好低保救助工作，提高扶贫的效果。本综合测贫指标分别从贫困的多层次，多角度测度贫困程度和反映贫困广、深方面的指标体系。

最后，提出了一个弹性化的制度规则，通过定量与定性来识别农村贫困人口。

二 永兴县低保制度的测度

（一）永兴县关于贫困发生率的测定

1. 永兴县关于贫困发生率的确定

本项目所指贫困发生率为农村贫困人数或低保人数占当地农村总人口的比率。公式为：

$$p = n/N$$

n 表示低保人数，N 表示农村人口总数。永兴县农村贫困发生率的划分是根据各个乡镇不同的经济状况，分为 A、B、C 三种级别，再参考省里贫困发生率平均标准上下浮动依次确定为 3.2%、3%、2.8%。

但这三个指标是否具有科学性？是否能完整地覆盖三个类别乡镇的贫困人口？在下面的"案例比较分析"内容中可以得到明确的答案。

2. 贫困发生率测定中存在的问题

永兴县按各乡镇农村居民人年平均收入，分类按不同的比率划定贫困发生率，然后根据所给的指标确定贫困对象。这种方法虽简单明了，操作方便，但这种先划定地域贫困指标的做法是有待商榷的，即按地区分配贫困指标的方法缺乏足够科学依据，这种做法本末倒置。贫困发生率的确定应该是先通过在各地乡镇充分调研，对农村贫困户的户数与人数真实掌握之后，算出它与农村总人口数的比例关系后得到全县总的贫困发生率。它是体现该地域贫困规模或贫困面大小的一个指标。这种先定贫困发生率再套人的办法，必然会导致"应保未保"现象与"错保"现象，"应保未保"现象表示实际贫困面超过给定的贫困发生率，导致"贫困指标短缺"，有些贫困居民就不能得到救助。"错保"现象则是实际贫困人数少于给定的贫困发生率，导致"贫困指标剩余"，有些不符合贫困特征的居民却得到了贫困救助。

3. 案例比较分析及其评价

（1）大布江乡，C类乡，贫困发生率划定3.2%。农村人口16056人，低保指标为514人。比较该乡小坑村（贫困村）与较头村（经济较好村），两村低保指标均按3.2%给定。小坑村农业人口数为1235人，低标指标确定为40人；较头村农业人口为1565人，低保指标为50人。从调查的各村小组来看，小坑村实际贫困人口要绝对大于3.2%的贫困发生率，平均每村民小组至少有一人属于应保未保范围之内；而较头村实际贫困人口数却要低于3.2%的贫困发生率，有一些不该享受低保的人却享受了低保。小坑村享受低保待遇的人数应明显要高于富裕的较头村，从理论上来说这也符合富裕地区贫困人数少的一般性特征。

（2）千冲乡（C 类）与黄泥乡（A 类），千冲乡划定贫困发生率为 3.2%，总人口为 5638 人，低保贫困人数为 180 人，黄泥乡贫困发生率为 2.8%，总人口为 16918 人，低保贫困人数为 474 人。调查结果显示，虽黄泥乡属 A 类乡镇，经济比较好，但是其贫困绝对人数却要高于 3.2%，实际贫困发生率要超过给定指标人数，还有较多的应保未保现象。相反，属于 C 类的千冲乡的给定贫困指标却相对充裕，基本能覆盖该乡贫困人口规模。这说明富裕地区贫困人数少并不具有绝对性特征。

从上述一个乡的两个不同村以及两个不同类别的乡的贫困人口相比较发现一个不合理问题，即贫困产生的根本原因，在某种程度上来说就是人为或制度因素所造成的，即是由简单地按区域确定低保贫困指标的做法所造成的。由此看来，简单地划区域分配低保指标的方法是不够合理的。

（二）永兴县关于贫困标准的确定

1. 贫困标准设定的影响因素

现代低保制度与以往传统救济制度的重要区别就是有确定的救助标准。保障标准过高，则有可能出现福利陷阱和农村居民为争夺低保救助金而矛盾增多，财政也不堪重负；如果保障标准过低，贫困居民就不能维持其最低的生活需要，制度制定的初衷也不能实现。

2. 现行贫困标准确定的基本评价

制定合理的农村低保标准是科学施保的重要环节。在永兴县的调查中发现永兴县在农村低保标准的制定上，还存在一些问题：

（1）保障标准的确定程序简单

根据《湖南省政府令》（221 号）文：制定农村贫困标准的权限在县级人民政府，由县级人民政府组织领导实施。永兴县农村贫困标准的制定其实并没有经过深入的调查研究，也没有科学合理地设定适合当地的经济、社会发展的农村贫困线，而是粗略地借用省里出台的参考标准直接划线分指标实施的。

（2）保障标准的调整机制不健全

永兴县在制定农村低保家庭救助标准时，虽然把农村贫困标准的适时调整写进了《实施办法》中，如文件规定了"农村贫困标准要根据当地经济发展水平、财政负担能力、农村居民生活水平、物价指数等因素的变化适时调整"[①]。但从 2006 年建制以来到 2009 年底，四年间，当地经济发展水平、财政速长速度都呈双位数的增长，CPI 指数屡创新高，而永兴县始终都没有调整过贫困保障线，而且在《实施办法》上农村低保贫困标准的调整时间和调整幅度都没有明确地做出规定。因此，在农村低保制度实施初期，要着力妥善解决这一难题，意义重大。

（3）地区级差与贫困户差异处理模糊

贫困保障线的设计与农村低保救助的力度忽略了各乡镇之间以及乡镇内部各村组农户之间的贫困差别程度，而仅以贫困人头为依据来发放物资与现金。亚行专家组研究表明，贫困保障线的移动会引发贫困率的变化。[②] 为此有学者也提出，具有较高同质性和地方特性的自然村可作为贫困测量的基本单位。[③] 永兴县农村贫困线由县政府统一设定，采用一个标准。这种设计隐含的直接后果是：忽略了县内各乡镇之间以及一个乡镇内部各村组农户的贫困程度差别。实际上，世界银行和中国扶贫机构已经认识到这一问题，同意将贫困的基本单元由县变为贫困村和贫困户。[④] 在贫困人口救助过程中如能依据地域差异及贫

---

① 《关于建立农村最低生活保障制度的办法》[永政办（2006）71 号]。

② 亚行专家组：《中国城市贫困问题研究》，2002 年，未公开出版。

③ 郑宝华、露易斯、卢彩珍、刘金龙：《倾听贫困者的声音，识别穷人并满足他们的基本需要——中国云南省南华县参与性贫困评估的经验教训和政策建议》，英国海外发展部（DFID）编印。

④ 世界银行：《2000/2001 年世界发展报告：与贫困作斗争》，中国财政经济出版社2001 年版。

困户差异，在进行分类救助时，在相同的资源分配下，贫困救助的效果会更好。

（三）现行的贫困保障水平的测评

关于保障水平或是说贫困救助的测量，主要可以从以下几个方面来论述：

1. 农村贫困救助力度系数（σ_t），可用公式表示为：

$$\sigma_t = \frac{N_t}{F_{t-1}}$$

σ_t 表示救助力度系数，反映了当地政府对农村贫困群体的救助力度；N_t 表示第 t 年当地农村贫困人口人均实际领到的补差救助金额，F_{t-1} 表示该地 $t-1$ 年农村人均收入。对于贫困人群来讲，σ_t 值越大，意味着贫困对象领到的救助金额越多，但是 σ_t 值过大，就会给当地财政带来负担，同时又会导致"贫困陷阱"现象的发生。因此，适当的 σ_t 值，是实现农村低保救助制度可持续的重要技术手段。根据厦门大学高清辉博士的研究结果，一般情况下 σ_t 值最小值在 0.1 左右，最大值不超过 0.2，就可以取区间 [0.1，0.2] 的中点作为临界值，即 $\sigma_t =$ 0.15。[①] 永兴县 2008 年农村人均收入为 5355 元，当年年人均救助补差为 420 元（35×12），代入救助力度公式：

$$\sigma_{2008} = \frac{35 \times 12}{5355} \approx 0.078$$

从公式可以反映出，2008 年永兴县农村贫困的救助力度系数值不足 0.1，仅临界值 0.15 的一半。可以得出永兴县对于农村低保的救助的力度不大，甚至可以用较低来评价。

2. 生活救助系数（β_t），用公式表示为：

$$\beta_t = \frac{M_t}{L_t}$$

---

① 高清辉：《中国城市最低生活保障标准的比较与评价》，《城市问题》2008 年第 6 期。

β_t 表示生活救助系数，表示当地贫困标准与农村家庭年人均食品消费支出的比例关系。M_t 表示当地的低保标准或贫困线，L_t 表示农村家庭年人均食品消费支出。如果 β_t 小于 1，表示低保贫困人口所有的消费支出都达不到农村人均食品支出。据经验统计数据，β_t 一般情况下在 0.6 – 0.7 之间，如果 β_t 值能达到 0.65 以上，低保贫困对象的基本食品支出基本上可以解决。[1] 考虑到低保贫困对象的衣食住行教育医疗等费用，β_t 值可以上升到 0.75。[2] 根据《永兴县统计年鉴 2008》，当年贫困线标准为 840 元，当年农村家庭人均食品支出为 1432 元，代入公式：

$$\beta_{2008} = \frac{M_{2008}}{L_{2008}} \approx 0.587$$

永兴县的生活救助系数值小于 0.65，可以反映出该县农村的救助结果还不能维持农村贫困人群的食品消费支出，更不用谈生活消费。

3. 月人均救助额度

月人均救助额就是以当地农村贫困线标准减去人均纯收入后除以 12 个月得到。2008 年永兴县的农村低保贫困户月人均救助水平为 35 元，与 2008 年全国农村人均救助水平 47 元低 12 元。这个水平也只相当于当地农村居民月人均收入的 7.84%。调查显示，有 50% 的低保贫困对象反映不能满足生活需要或差得太远。

4. 城乡低保贫困救助标准比较

2007 年永兴县城市低保 15046 人，共发放低保救助金 1700 万元，而农村低保 16165 人，发放低保金仅 600 万元。[3] 城镇低保标准为 2400 元/人/年，2008 年全县城区月人均救助 118 元（城镇低保 2009 年与

---

① 王增文：《农村低保救助水平的评估》，《中国人口、资源与环境》2010 年第 1 期。
② 高清辉：《中国城市最低生活保障标准的比较与评价》，《城市问题》2008 年第 6 期。
③ 数据来源：《永兴县 2008 年国民经济与社会发展统计公报》，http：//www.yxx.gov.cn/zwgk/tjxx/tjgb/content_3063178.html。

2008 年相同），农村月人均救助仅为 35 元,[①] 相当于城市标准的 30%（见表 6-3）。

表 6-3　　　　　　　永兴县城乡低保标准对照表

类　别	永兴县城市水平	永兴县农村水平	全国农村平均水平
低保标准	2400 元/人·年	840 元/人·年	1200 元/人·年
平均补差	118 元/人·月	35 元/人·月	49 元/人·月

资料来源：笔者根据《永兴县统计年鉴 2008》及民政部网站公布的统计数据整理得出，网址：http：//www. yxx. gov. cn/zwgk/tjxx/tjgb/content_3063178. html。

而以城乡居民主要支出吃、住为例，当地县城与农村支出并无太大差别（见表 6-4），县城相当于农村支出的 1.65 倍。

表 6-4　　　　　　　永兴县城乡居民消费结构对照表

项目	城镇居民人均支出（元）	农村居民人均支出（元）	城乡人均支出比
食品	3025	1432	2.11
衣着	1082	251	4.31
居住	528	446	1.18

资料来源：笔者根据《永兴县统计年鉴 2008》中的居民消费支出的数据整理得出，网址：http：//www. yxx. gov. cn/zwgk/tjxx/tjgb/content_3063178. html。

5. 与当地财政收入与支出相比

永兴县 2007 年财政总收入比 2002 年增长 194.0%，以年平均 24.1% 的速度增长，GDP 年平均增长 12.8%，2008 年财政收入达到 6.22 亿，2009 年达 7.66 亿。[②] 而相比之下，作为社会救助中最重要的农村低保救助投入显得微乎其微，不管是农村低保贫困救助的绝对额抑或是相对额来说，永兴县低保水平还是相当低的（见表 6-5）。这个标准在制定过程中，在基本生活消费品品种和数量的确认上，存在着调查和确认方法比较粗放的问题，有些更是建立在经验和主观判断

---

① 数据来源：《永兴县 2008 年国民经济与社会发展统计公报》，http：//www. yxx. gov. cn/zwgk/tjxx/tjgb/content_3063178. html。
② 根据《永兴县统计年鉴 2003—2009》经济数据分析得出。

或其他人为因素的基础上，这个标准的合理性还是值得再考虑。

表 6 - 5　　　　永兴县农村低保支出与财政收支比例关系

年份	财政收入（亿）	低保支出/财政收入（%）	财政支出（亿）	低保支出/财政支出（%）
2006	5.08	1.06	5.69	0.98
2007	5.92	1.01	7.25	0.83
2008	6.22	1.38	9.2	0.93

资料来源：笔者根据 2006、2007、2008 年《永兴县统计年鉴》整理。

从上述几个方面的比较分析中，可以看出永兴县农村低保不管是从绝对水平抑或是相对水平都是比较低的，低保标准有待进一步提高。

（四）永兴县最低生活保障制度的实施办法

1. 救助效率的优化

社会福利的供给方式有两种，一种是全民性的，只要具有某国公民身份，就可以得到某种福利服务。而另一种是选择性的，是指只有符合一定的条件资格时才能获得某种福利服务。低保救助制度作为选择性制度，如何把符合救助条件的人选择出来是关键，这就是我们常说的目标瞄准机制，在农村贫困治理过程中起着非常重要的作用。

贫困对象的目标瞄准机制或者说目标定位关系到有限的社会救助资源能否有效地分配给贫困人群，如果产生"漏保"现象，即本该得到保障的贫困人群得不到保障，政策目标也就得不到实现。如果没有资格的人却得到了低保待遇，就会产生"错保"现象，也会产生救助资源的溢出，给社会带来负面影响。可以说，"漏保"和"错保"都无法实现救助资源的优化配置。其次，农村低保对象的资格审核，也是目标定位的瞄准机制在起作用。它能使有限的资源最大限度地分配给最有需求的贫困人群，有效地防止"错保"与"漏保"现象的发生。但"动态管理"工作需要大量的人力、物力和财力，行政成本的增加会减少救助资源。

2. 救助对象的甄别

农村低保制度具有"选择性"。如何提高"选择性"的有效性，它需要锁定目标贫困人群。目前目标定位主要有如下几种：

（1）家计调查法（means-test）。即收入调查（income-test）和资产调查（asset-test）。资产调查适合城市居民，因为城市比较容易掌握收入信息，资产核算也相对容易，对农村居民来说操作性差却比较困难。因为农村贫困居民一般没有劳动所属，劳动收入多为零散的，不可测量的。

（2）收入核实与群众评议相结合法。即在收入核实的基础上，由群众评价出贫困居民。其他方法还有收入核实、家计调查等。

（3）参与式贫富排序法。即在社区范围内，依据社区居民对贫困的理解决定谁是社区内的最贫困者，并将居民在社区中的富裕程度进行分类和排序的方法。[①] 其优点是能较为全面地反映贫困的类别，在低保对象的确定上也较准确和符合民意，同时多角度的研究方法、社区居民的广泛参与能确保研究的准度与效度。但是这种方法程序较多，研究理论性较强，难以推广。

这几种低保对象定位技术虽然有其优点，但也都存在缺点。如果照搬上述某一种方法肯定难以解决问题。

3. 救助目标定位

（1）目标定位方法

永兴县农村低保制度保障对象目标定位方法同样也分为核准条件和排斥条件及实际执行等方法（见表6－6）。

---

① 张时飞：《用参与式贫富排序方法识别农村低保对象：一项探索性研究》，《中国社会政策研究十年·论文选（1999—2008）》，社会科学文献出版社2009年版。

表 6 – 6	永兴县农村低保贫困对象目标定位方法
准入条件 （低保救助资格）	户籍限制：有永兴县的农业户籍，且在农村居住一年以上
	收入限制：上年度家庭年人均收入低于永兴县低保线 840 元
排除条件 （有其中情形不得 纳入低保保障范围）	1. 劳动年龄内有劳动能力但不从事生产劳动 2. 家庭实际生活水平明显高于当地农村最低生活保障标准或拥有非生活所必需的高档消费品 3. 违反国家政策法规屡教不改 4. 不如实申报，拒绝接受核查家庭收入 5. 法定赡、抚养人具有赡、抚养能力，但未履行义务，造成生活困难
操作方法	1. 个人申请　2. 村组评议　3. 乡镇审核　4. 民政审批

资料来源：2008 年 12 月发布的《永兴县农村居民最低生活保障制度实施办法》［永政办发（2008）71 号］。

（2）目标定位困境

由表 6 – 6 可以看出，永兴县农村低保制度中对贫困对象的识别方法舍弃了贫困家庭收入核查，主要是农民收入固化为货币很难。永兴县农村居民收入主要来自第一、二、三产业，包括工资、种植业、林业、牧业收入。农、林、牧业与种植业收入上很难进行价值转换，核算起来很困难。其次，农民的收入稳定性不强，包括外出务工收入，另外，农作物收成也易受天气等自然灾害影响。这些因素也给收入核查带来了实质性的困难。而主要采用村组讨论决定的方法。先评出最贫困户，然后再根据贫富情况往后逆推。这种方法虽操作方便，效率也较高，但是也存在较多的问题，最大的问题就是因为社区参与的程度不够，贫困对象识别的准确性难以保证。低保政策宣传力度不够，社区居民对低保政策知之甚少，不知如何参与，调查显示有 44% 的低保贫困家庭对于低保政策实施细节不清楚和不太清楚。另外在评定低保贫困对象时，从低保申请到最后低保金发放很多情况下都是村干部一手操办，村干部便成了评定低保对象的决定因素，而有时社区群众的真实情况却难以掌握。

（3）贫困对象评定办法所凸显的问题

永兴县农村低保对象在实施过程中并未按照当地的实施办法来严格执行，保留了相当大的弹性空间。按当地基层所采用的"贫困逆推法"，如果村委会干部能秉公办事，对政策有较高的理解力和执行力的话，不失为一良策。但如果村干部私心较重，以公谋私，将会导致大量"关系保""人情保"。这种"逆推法"建立在较强的民主监督基础上，赋予了村干部较多的自主权利，这种自主权利带来的不确定性就是容易形成徇私舞弊的现象。干部的素质以及居民的构成因素都对这种"逆推法"的质量产生影响。在我们的调查中，居民反映较强烈的问题，主要是"关系保"挤占了低保指标，导致"应保未保"与"错保"。调查显示，40%的访问对象反映存在"有一些"应保未保现象，25%反映存在"有一些"错保现象。由此看出这种方法主观性较大，制度的公正、公平难以得到保证。因此，不利于制度的可持续发展，有待进一步完善。

三 最低生活保障标准的科学识别与弹性选择

永兴县农村低保工作虽然日渐完善，但仍需要进一步规范化、科学化。因此，永兴县解决农村贫困的问题尚需在制度层面进行调适。

（一）贫困标准的科学测度

农村低保制度能否发挥其应有的作用，首先在于能否制定有效的贫困线，即最低生活保障线，它是人们维持生存所必需消费的商品和劳务最低费用的量化线。

1. 贫困标准的确定因素

贫困标准的设置既要考虑保障贫困人口的最低生活支出，满足其维持基本的生活需要，又要防止标准过高而导致"贫困陷阱"的现象。主要考虑下列因素：

（1）维持农民最低基本生活的物质需要。重点是吃饭和医疗的需要，需要较准确地测算出贫困人口年人均消费水平和人均基本生活费支出。

（2）农村经济发展水平。考虑当地财政收入、农民人均纯收入等指标。

（3）物价上涨指数。由于农民最低基本生活的物质需要和农村经济水平是动态变化的，贫困标准也应随着这些因素的变化每隔一段时间调整一次，如一年一次，确定一个科学合理的低保贫困标准参照系数。

2. 永兴县贫困标准的测定

目前永兴县执行的是 840 元的贫困线标准，如果按上述贫困标准计算相比较的话，差距是较大的，它根本不能称为"最低生活"保障线，对于无收入来源的贫困者来说，恐怕连解决生存都有问题，因此这个标准有必要再次科学厘定。国内著名学者也对贫困线的科学测算进行了大量深入的研究，如中国社科院的唐钧研究员、武汉大学邓大松教授、中国人民大学洪大用教授、南京大学林闽钢、童星教授等各自发表了自己的研究成果，都具有借鉴意义。但是我们认为借鉴国际贫困标准法（即按当地人均纯收入的百分比作为当地的贫困线）对于永兴县农村贫困线的制定更具有可行性。因为它不再仅仅是一个维持生存的绝对标准，而更注重促进个人发展和共享国家经济发展成果，它是与工资、GDP、平均消费支出和平均家庭收入等指标相联系的一个相对贫困标准。具有简便易行，易被公众接受和理解的优点，不需再做复杂的调查，完全可利用县统计局发布的统计数据来调整贫困线，而且还可做到一年一调整。那么，这个比例定在一个什么样的数值才算合理呢？我们可以通过恩格尔系数法分三步来测算永兴县的贫困线。

（1）定义最低营养需求

贫困标准的确定基础就是要明确个人在日常生活当中究竟需要多少热量或营养才能维持生存状态。我国政府 2003 年确定的每人每天 2100 千卡能量、食品支出占总支出为 60% 的农村绝对贫困标准，根据此标准中国营养学会提出了人体每天能量摄入量 2100 千卡的食物清单（见表 6 - 7）。

表 6 - 7　　　　　每人每天 2100 卡路里摄入量的食品清单　单位：千克/天/人

食品类别	标准	食品类别	标准
谷类	0.4	鱼、虾	0.05
蔬菜	0.5	豆制品	0.05
水果	0.2	奶制品	0.1
肉禽	0.05	油　脂	0.025
蛋类	0.25		

资料来源：中国营养学会，网址：http：//www. cnsoc. org. cn/asp-bin/GB/。

（2）确定消费价格

这里选取 2008 年永兴县农村食品消费价格作为参照标准（见表 6 - 8）

表 6 - 8　　　　　　　　最低营养需求清单价格　　　　　单位：元/千克

年份	谷类	蔬菜	水果	肉禽	蛋类	鱼、虾	豆制品	奶制品	油脂
2008	3.2	2.08	2.8	18.8	5.8	13.6	2.9	5.6	7.8

资料来源：《永兴县统计年鉴 2008》。

（3）计算贫困线

在确定了人体正常生活贫困标准的最低热能摄入量、食品清单以及各种食品价格的基础上，可以算得绝对贫困线与相对贫困线。

绝对贫困线：把以上列表中的食物清单与价格相乘，得到每天每人最低食品支出为 6.94 元，月最低食品支出为 208.2 元。

相对贫困线：不仅考虑最低食品支出，还要考虑到其他生活必须支出，运用恩格尔系数法公式可得每人每天相对贫困线为 11.6 元（见下公式)，每月需 348 元才能保证最低生活支出。

$$月相对贫困线 = \frac{食品贫困线}{恩格尔系数} \times 30 = \frac{6.94}{60\%} \times 30 = 348$$

从永兴县贫困标准确定的目标与救助价值观来看，主要还是维持农村贫困对象的基本食物需要。据此，我们就可以把算得的绝对贫困线作为永兴县的贫困标准制定的参考依据，这个标准大致占当年该县农村年人均纯收入 5355 元的 38% 左右。此标准结果也与我们在永兴县农村低保问卷调查中家庭月人均最低支出数据较为一致，永兴县低保家庭的最低支出多集中在 100、150、180 和 200 元。计算可得永兴县农村低保户家庭人平均月最低支出为 208.39 元，与上面得出的绝对贫困线基本一致。但考虑到中国营养学会制定的标准较高，同时顾及当地的财政收入情况，可以把 38% 的标准稍微降低一些。根据国内专家对全国农村贫困标准的测算结论：全国城乡贫困线可定为当地人均收入的 30%—35% 之间。① 那么，永兴县贫困标准可以往下调整到 35% 左右，并以此作为每年农村贫困标准的参考依据。因而，依此标准永兴县 2008 年的月贫困线标准大约为 200 元。

（二）贫困指标的测量维度

贫困测度在本书当中主要从两个方面来论述，其一是贫困标准的测度。解决的主要是贫困人口的目标定位问题，也就是说准贫困人口，贫困人口的目标定位通常是先确定贫困线标准，然后根据贫困线标准再来确定贫困人口。国际上贫困标准的测度主要采用市场菜篮子法、恩格尔系数法、国际贫困标准法等。关于贫困的指标也大多以恩格尔系数、人均国民生产总值、实际生活质量指数来衡量贫困。我国依据"马丁法"及贫困地区实际情况决定农村绝对贫困线，主要是以最低热

---

① 郑功成：《中国社会保障改革与发展战略：理念、目标与行动方案》，人民出版社 2008 年版。

量摄入量、基本食品消费项目与数量、食品支出比重、最低食品支出为主要测量方法。其二就是贫困程度的测量。确定了贫困线，落在贫困线以下的贫困人口贫困程度的分布状况也是低保制度实施的一项重要内容。完善建立农村低保制度要全面掌握本区内贫困的广度、深度，以及资金的总规模，并确定制度实施的重点和难点，才能做好财政预算，做到有的放矢，因此，建立科学的综合测贫指标体系很是重要。从科学实用、操作方便的角度考量，可以从以下四个不同角度来构成测贫指标体系。

1. 贫困的广度指标

第一个指标，即贫困的广度指标，即贫困发生率（用 A_1 表示）。用公式表示为：

$$A_1 = F(X^*) = \frac{n}{N}$$

A_1 为贫困发生率，F 为 X^* 的函数，n 为贫困人数，N 为总人口数。A_1 表示家庭年人平纯收入低于贫困线的人口在总人口中所占的比重。这一指标的特点是，只要确定贫困线，它就可反映本地区贫困面的大小，确定贫困救助的规模。永兴县在农村低保实施过程中用"低保指标"表示当地贫困人口或低保救助的覆盖范围。但该县在农村低保制度实施中仅仅就这一个指标，这一指标只是反映总人口中贫困人口的比例，却不能准确地反映出贫困的其他方面，如贫困线以下的贫困人口的贫困差异与分布情况。也无法进行地域间跨时期的比较，而且用这一贫困发生率来分配低保救助资源或评价低保救助效果是不太合理的。它只能粗略掌握贫困规模的整体情况。

2. 贫困的深度指标

第二个指标，即贫困的深度指标（用 A_2 表示），这个指标是基于低于贫困线以下的贫困人口收入相对于贫困线的累积贫困差距。计算公式可表示为：

$$A_2 = \frac{\sum_{i=1}^{n}\left(1 - \dfrac{u_i}{X^*}\right)}{N}$$

公式中，u_i 表第 i 个贫困人口的收入水平，X^* 为贫困线，n 为贫困人口，N 为总人口。在 A_1（指标一）一定的情况下，A_2 值越大，说明贫困程度越大，低保实施重点应向贫困深度较大的贫困乡镇倾斜，由平均分配资源转到集中力量对贫困深度指数大的乡镇加大资金转移支付能力，实现救助资源的有效配置及产出效果。

3. 贫困的强度指标

第四个指标，即贫困的强度指标（用 A_3 表示），反映贫困的严重程度。公式为：

$$A_3 = \frac{\sum_{i=1}^{n}\left(1 - \dfrac{u_i}{X^*}\right)^2}{N}$$

在指标一"A_1"，指标二"A_2"一定不变的情况下，A_3 值越大，表示贫困救助的难度也越大，农村贫困人口内部的收入差距很大。贫困人员的致贫因素较多，异质性高。对这些地区的农村低保贫困救助实施，最重要的是要加强该区域基层救助工作人员建设，加大工作力度，对贫困人员的收入水平，致贫原因应逐户调查清楚，然后再对症下药，分类救助。

4. 贫困的相对指标

第三个指标，即贫困的相对指数指标，用 A_4 表示，意为贫困转移支付的相对程度。公式为：

$$A_4 = F(X^*)\frac{X^* - u^*}{u}$$

其中 u^* 为贫困人口的平均收入水平，u 表示当地农村居民的平均收入水平。A_4表示如果要帮助贫困人口脱贫，即把低于贫困线以下的贫困人口收入提高到贫困线标准，需要提高转移支付到贫困人口的资金占总财政收入的比重。据此算出贫困人口脱贫需要的财政资金，衡量当地财政的可承受能力，为民政部门与财政部门预算总的低保救助资金提供依据。

（二）低保对象甄别的弹性选择

"弹性理论"最早是法国著名经济学家古诺提出来的，它把数学方法运用到经济学中，通过定性与定量相结合进行分析研究。虽然它只限于对经济变量的相互关系及内在联系进行分析，但是它把经济学中的一些基本原理，经济政策决策，制定及政策效应融合在一起。一些经济学家认为一定弹性的制度和规则能适应和促进经济的动态发展。[1]当外部性、规模经济、风险和交易费用所引起的收入潜在增加不能内在化时，制度创新可能允许获取潜在增加的收入。[2] 在发达市场经济国家中，社会运行以刚性的法律和规则为保障，法制既约束政府对经济活动的任意干预，也约束经济人行为（如界定和保护产权、执行契约与法律、公平裁判、维护市场竞争等），规则实施的弹性应以不破坏既有法制为基本前提。[3] 在市场转型国家规则弹性的法制约束力较弱，人们往往将规则对环境和社会事务的反应性与"执法不严""人情政治"等不合法、不符法定程序要求的非正式活动相连。[4] 确然，制度具有一定的弹性有其合理性，特别是在我们国家，几千年的制度惯性使得各种规则都具有一定的弹性空间。

---

① 程崇祯、蔡一鸣：《关于弹性理论的几点拓展》，《学术研究》2003 年第 1 期。

② ［美］L. E. 戴维斯、［美］D. C. 诺斯：《制度变迁的理论：概念与原因》，载［美］R. H. 科斯、［美］阿尔钦、［美］诺斯等编《财产权利与制度变迁：产权学派与新制度学派译文集》，刘守英等译，上海人民出版社1994 年版。

③ 钱颖一：《市场与法治》，《经济社会体制比较》2000 年第 3 期。

④ 徐圣恩：《中国制度弹性的历史经济分析》，《上海经济研究》2006 年第 2 期。

规则弹性指个体和组织在既存制度、社会文化和共享观念的认可或容忍下对规则内容"灵活操作"的程度，也就是行动者行为上对规则的偏离程度。① 讨论永兴县农村低保救助制度在执行层面与操作层面的行为特征，不涉及制度本身的形态特征。与城市低保相比，农村低保工作确实存在更为复杂的情况。最复杂的莫过于对家庭收入情况进行调查以识别出低保对象，因为农村家庭收入具有价值转换难、收入隐蔽性高、不稳定等特点，因此，收入核算难以形成一套行之有效的和统一的办法与手段。比如说农民生产的粮食、家禽和其他农作物的价格转换，以及外出务工与零工收入计算问题等，这些复杂问题都在考验着政府救助机构与工作人员的耐心与智慧。很多地方在规则实施过程中也发明了一些"弹性"做法，如"进村看房子，进屋看被子，吃饭看盘子，穿着看身子……"基层工作者的这些独创与发明，虽然提高了工作效率，降低行政成本，但这种纯主观的对规则内容"灵活操作"有可能使得规则弹性向非合法化方向发展。为此，在农村低保对象评定过程中，既坚持规则，又不失灵活，软硬兼施。

1. 以家庭收入核算为基础

家计调查测算是农村低保制度建立的重要内容，也是区别于以往传统社会救济的重要方面。随着农村低保的全面铺开，救助水平的逐步提高，完善农村低保收入调查测算方法具有相当重要的意义。收入调查必须明确家庭收入的测算内容，哪些应被列为收入，哪些成本应被扣除；必须明确收入的测算标准，家庭的收入内容都应该有明确的计算标准和计量标准。在明确计算出农村居民家庭收入后，还应实现动态管理。如季节回访、半年审核、年度普查等。适时调整低保户，做到低保户能进能出，能高能低。

---

① Zhou Xueguang. The Dynamnies of Organizational Rules, *American Journal of Sociology*, 1998（5）.

2. 以群众民主评议为手段

由于农村家庭收入的隐性化和不稳定性，调查起来非常困难，工作量也是异常大。因此，加大收入调查力度，严格按照《实施办法》核算家庭收入，力争一个不错，一个不漏，在考虑到事情的复杂性、艰难性时，也应因地制宜，不失灵活。永兴县采取的"贫困家庭逆推法"也是规则弹性化的具体应用，优点是操作简单，明白易懂，省去了大量的繁杂工作。但缺点也尤为明显，存在主观性、随意性。在先限定指标的前提下，操作过程中较易出现低保指标过剩或不足现象，也即"错保"和"漏报"现象。因此如何在坚持这种"逆推法"的基础上，发展其优点，摒弃其缺点，做好技术测算的同时，利用规范的群众民主评议、社区居民参与的方式与明确的相关责任人制度，使制度具有一定的弹性空间，是今后永兴县低保对象评定规则弹性合法化的重要方向。

3. 完善"参与式贫富排序法"

针对农村居民中出现的收入难以核算，隐性收入以及低保工作人员自由裁量权问题，从理论上来讲，"参与式贫富排序法"[①] 是识别农村贫困人口的一种有效方法。它主要依靠社区居民的参与评价，再通过赋值来对每一个居民贫困状况进行量化，从而评出低保贫困对象。这种方法坚持定性与定量相结合，规则与弹性相结合，是用一种非常规的或非正式的办法来行使制度规则，同时转化为乡村社会所接受、认同，进而实现规则的意志、意图。但是这种方法可能难以在我国大多数农村地区普及。只有有效防止隐性收入瞒报现象，才能在一个较长的时间里防止"错保"和"漏保"现象出现。此外，社区居民广泛

---

① 张时飞：《参与式贫富排序方法识别农村低保对象：一项探索性研究》，《中国社会政策研究十年·论文选（1999—2008）》，社会科学文献出版社 2009 年版。

参与，还会让低保工作人员的行为被监督，其自由裁量权会更加规范。完善参与式贫富排序法，具体应该从两个方面来完善：

一要全面简化、软化、转化工作程序。"参与式贫富排序法"程序繁多冗杂、牵涉较多专业知识，例如计算分数、登陆、赋值、确定节点等需要广大的社区居民参与，并且居民大多聚居，居民对低保政策有较高的理解力，才能积极参与进来，这种方法在城市低保更具可行性。但在农村低保制度中，由于农村散居，文化层次低，程序规则过于复杂，农村居民可能会采用"用脚踢票"的情况，导致方法难以实施。因此，工作程序该简的应简、该软的应软、该转的应转。

二要充分发挥以农村传统文化为核心的道德、习俗等风俗民情在农村社会救助中的基础地位。利用这些非正式制度来弥补正式制度的不足。依据当地的习俗、惯例、道德转化与软化农村社会生活中的成文规则可能更具可行性，成本也更低，效果可能会更好。

永兴县农村低保制度具有"覆盖广""水平低"的特点，农村居民仅靠最低生活保障救助很难维持基本生活需要，还需其他相关措施与之相配套。如将财政、劳动、水利、教育、卫生等部门的救助资源统一到民政部门，利用民政局现有的信息管理系统和服务网络，建立统一的社会救助平台。这样能避免重复和遗漏，降低行政运行成本，提高行政工作效率。所有救助项目通过民政局社会救助平台"一个口子"向上申请，"一个口子"向下发放。整合各部门资源重点向低保户倾斜，在领到低标准的低保金的基础上再获得其他的救助项目，得以满足基本生活需要。这样各部门形成合力，农村低保工作才会更加有条理、有实效。

本章结语

本章主要在对湖南省永兴县农村低保制度实施现状的调查基础上，

针对该地区在制度运行过程中救助标准的设定、低保对象的识别、低保指标的分配以及社会对低保制度的认知和反馈等问题进行了深入分析，据此提出了低保标准的厘定、贫富排序识别方法的运用、综合的测贫体系以及监测贫困的管理办法等可操作性方案，力图为农村低保制度的进一步完善提供可借鉴的政策性建议。

第七章　农村低保与其他保障
制度的衔接研究

2009 年全国扶贫办开展的对农村低收入人口全面实施扶贫政策在全国开始试点。目的是要通过农村低保制度保障其低保对象的基本生活；通过扶贫政策的扶持，提高扶贫对象收入水平和自我发展能力，稳定解决温饱并实现精准脱贫，为实现 2010 年基本消除绝对贫困现象奠定基础。与此同时，许多学者也针对碎片化的社会保障制度出现的问题进行研究。2014 年国务院出台《统一城乡居民养老保险制度的意见》，之后又出台了《城乡养老保险制度衔接暂行办法》，拉开了我国统一社会保障制度的序幕。2007 年开始在全国推广的农村最低生活保障制度，同样也有学者和社会各界针对"城乡一体化"问题呼声不断。本章对低保制度与居民养老保险制度、残疾人保障的衔接问题做了探索式研究。

一　农村低保与城乡居民养老保险的衔接研究

截至 2014 年 4 月，全国农村低保对象人口共计 5349.1 万人，其中老年人 2079.4 万人，占农村低保对象人口的 38.2%，① 也就是说全国

---

① 数据来源：民政部规划财务司网站发布的《2014 年 1 季度全国县以上农村低保情况》数据，网址：http://cws.mca.gov.cn/article/tjyb/c/。

农村低保救助人口中老年人口就接近五分之二（见图7-1）。

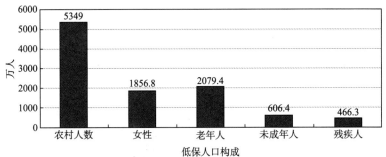

图7-1　2014年1季度全国县以上农村低保人员构成情况

数据来源：据民政部财政规划司网站《2014年1季度全国县以上农村低保情况》统计数据整理而得，网址：http：//cws. mca. gov. cn/article/tjyb/c/。

（一）规模庞大的老年绝对贫困人口需要有尊严的保障生活

图7-1显示的是低保对象中的老年人口，如果加上同期五保供养的535万①人口的话，2600多万的老年绝对贫困人口规模，正好是2013年年末我国60岁以上的老年人口2.243亿人口的十分之一，也就是说我国每10个60岁以上的老人中，就有1人处于绝对贫困。如果人到老年依然靠低水平的低保救助，每年都要接受严格的救助资格审查，那么，他们"老无尊严"的贫困状况会一直"陪伴"终老。

图7-2显示的是2010—2014年低保人口构成的变化趋势，从中我们可以看出，老年贫困人口是呈递增趋势的，如此下去，几年内，农村的低保救助人口中，绝对贫困的老年人口所占的比例还会持续上升。如果不解决老年贫困人口的后续保障的制度性问题，农村低保制度就很难发挥有效的功能。如果最低生活保障制度实现城乡一体化后，那些因临时困难需要救助的人口可能就会被拒之门外。所以，从老年人口和那些临时需要救助人口的角度出发，急需有对接的替代制度，将

---

① 数据来源：民政部规划财务司网站发布的《2014年1季度全国县以上农村低保情况》数据，网址：http：//cws. mca. gov. cn/article/tjyb/c/。

步入老年的贫困人口纳入进去，使这些老年人在晚年能够有尊严地生活。这个替代制度就可以考虑是居民养老保险制度。

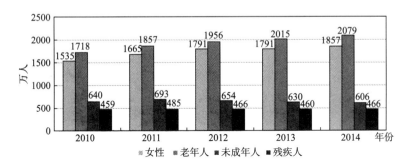

图7-2 2010—2014年农村低保人口的构成情况

数据来源：民政部财政规划司2010—2014年各年度农村低保情况季度月报。

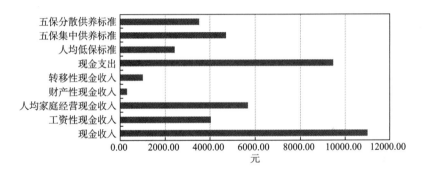

图7-3 2013年末农村居民年人均收支情况

数据来源：国家统计局网站，2013年第四季度农村居民年人均收入累计值；民政部财务规划司网站，2013年农村贫困人口数据，作者整理制作。

图7-3显示：农村居民的现金收入包括转移性现金收入、财产性现金收入、家庭经营性现金收入，2013年末，农村居民年人均现金收入（10982.7元）与现金支出（9453.60元）的差额是年人均1529.1元。而农村低保对象的年人均救助标准是2433.9元，如果单纯比较人均收入看，农村低保对象年人均收入仅占农村居民年人均收入的22.2%，不及四分之一，可见农村低保对象的救助标准之低，如果不借外力的援助，使农村低保人口赶上一般的农村居民收入水平，基本是不可能的。

（二）财政补贴下的居民社会保险制度同样适用低保制度

从最近几年中央政府极力推进的城乡居民养老保险制度、医疗保险制度看，将城乡统筹的社会保障制度普惠给所有社会成员，是政府通过民生工程建设达到全面提高人民生活质量的奋斗目标。作为社会保障制度之一，养老保险、医疗保险、最低生活保障制度应该是覆盖面最大、惠及人口最多的制度。

城乡居民养老保险制度一直是备受社会广泛关注的福利制度。2009年全国开始推进的新型农村居民养老保险制度就是为解决农村居民的养老问题而实施的制度，在政府财政补贴的大力推进下，不仅逐渐实现了农村人口的全覆盖，2014年"新农保"还与城乡居民养老保险制度实现了制度的对接，真正地把我国居民的"老有所依"落到了实处。

本书在探讨农村低保对象保障标准时发现，2014年1月城市低保月人均支付水平为257.70元，农村125.72元，[①] 五保集中供养月人均支付水平为312.9元，五保分散供养人口月人均支付水平为215.7元。[②] 相比之下，农村低保对象的保障水平是最低的。众所周知，如果让农村老年贫困人口单纯依靠低保救助金实现脱贫也是不可能的。所以，通过养老保险制度替代低保制度，对老年贫困人口来讲，或许是一条可行之路。

2014年2月国务院发布《关于建立统一的城乡居民基本养老保险制度的意见》[国发（2014）8号]，规定居民养老保险缴费标准由100元到2000元分为12个档次，中央和地方的财政补贴根据缴费档次按

---

① 数据来源：民政部规划财务司网站发布的《2014年1月份全国县以上农村（城市）低保数据》。

② 数据来源：民政部网站发布的2013年4季度《全国社会服务统计数据》，网址：ht-tp：//files2. mca. gov. cn/cws/201402/2014020810034586. htm。

30 元到 60 元补贴不等。城乡居民养老保险待遇中的基础养老金由中央政府确定和调整最低标准，新农保制度实施时已年满 60 周岁的老人，可以按月领取城乡居民养老保险基础养老金。对制度建立之日起满 60 岁的城乡居民，即便没缴费政府同样可以发放基础养老金，那么，可否考虑将已经进入 60 岁的低保对象也直接纳入基础养老金发放体系之中？

此外，财政部、计生委和人社部等三部委联合于 2014 年 4 月发布了《关于提高 2014 年新型农村合作医疗和城镇居民基本医疗保险筹资标准的通知》[财社（2014）14 号]，规定 2014 年各级财政对新农合和居民医保人均补助标准是 320 元，全国平均个人缴费标准仅达到每人每年 90 元左右。人均 320 元的财政转移支付，从人口总量上看是庞大的惠民工程，这应该与政府财力的大力支持密不可分。那么，依据这个政策规定，我们是否可探讨如果符合获得低保待遇条件的话，由中央和地方财政承担低保对象需要个人缴纳的 90 元呢？

（三）低保制度与城乡居民养老保险制度衔接的理论基础

其实，不仅是贫困老年人口，2013 年 2 月中国社会科学院发布《中国老龄事业发展报告（2013）》蓝皮书指出：中国将迎来第一个老年人口增长高峰，2013 年老年人口数量突破 2 亿大关，达到 2.02 亿，老龄化水平达到 14.8%。在 2025 年之前，老年人口将每年增长 100 万人。老年抚养比从 2012 年的 20.66% 上升到 2013 年的到 21.58%。如此老龄化的态势，对我国的老年人社会保障构成巨大的压力。① 与此同时，由于我国人口计划生育政策促成的 "4 - 2 - 1" 的家庭人口结构，独生子女赡养老年人的负担越发明显加重。伴随着人口平均寿命的延长，老龄化引发的养老问题成为社会的焦点问题。2009 年，国务院部

---

① 数据来源：中国社会科学院发布的《中国老龄事业发展报告》蓝皮书，社会科学文献出版社 2013 年版。

署试行新型农村社会养老保障制度（以下简称"新农保"），用社会统筹与个人账户相结合的基本模式和"个人缴费、集体补助、政府补贴"相结合的筹资方式，通过制度来缓解农村的养老问题。但是，在"新农保"开始推行后，农村低保对象的养老问题也成为社会所关注的问题，特别是如何从制度层面来彻底解决农村"三无"老人中的集中供养、分散供养老人、低保老人的养老问题，使低保制度与"新农保"制度实现有效的衔接，均成为学者们关注的重点。

米红就根据 2005 年生命表和第二次全国农业普查的最新数据整理预测的"2008 年到 2050 年的农村人口数和农村老年人口规模"，测算出从 2008 年开始农村老年人口数持续上升，在 2030 年攀上老年人口高峰。研究认为，农村老年人口的增长将对新建立的新型农村养老保险基金产生较大的压力，对此，他提出了"有限财政下的农保制度"，即在两个高峰期：2020—2022 年和 2038—2040 年农村老年人口达到高峰时间段之前，政府承担一部分养老财政补贴，通过新型农村养老保险制度，在 2020 年第一个农村人口老龄化高峰到来之前，实现 49—59 岁的参保群体的制度全覆盖，以提前化解财政风险。[1]

王小龙、唐龙利用 Probit 模型算出：农村家庭养老条件的变化显著影响了老年相对贫困的发生率，特别是农村家庭养老条件的变化会严重影响农村老龄人口的晚年生活，经过测算提出了政府应加大对"新农保"的财政补贴力度的建议，建立以社会养老为主、家庭养老为辅的农村社会养老保障体系。[2]

郭光芝、杨翠迎对地方财政对承担"新农保"补贴的责任进行了我国东部、中部和西部地方财政支付能力的比较，研究结论认为地方

---

① 米红、项洁雯：《"有限财政"下的农保制度及仿真研究》，《中国社会保障》2008 年第 10 期。
② 王小龙、唐龙：《家庭养老、老年贫困与农村社会养老保险的角色定位》，《人文杂志》2012 年第 2 期。

财政根据当地经济社会发展的需要，是有能力适当增加财政补贴。① 张盈华、席恒认为：新农保的多方筹资机制是财政对农民给予参保或待遇补贴，将财政补助作为筹资的重要来源，既极大地激励了农民的参保积极性，也体现了公共财政公平性原则。② 罗微、董西明用生活需求法测算了农村低保老人的实际生活需求，提出了地方政府有责任为低保家庭参加"新农保"成员代缴保费，审批低保申请时，申请家庭的老年人基础养老金不计入家庭总收入，但个人账户养老金应计入家庭总收入，低保家庭成员参加新农保缴纳的保费不应从家庭总收入中扣除。③

应该说，这些学者在"新农保"政策推行后，探讨政府财政补贴的责任、能力、缴费水平以及政策实施的社会功效的视角，探讨了低保制度与"新农保"制度衔接的问题。在"新农保"制度中，社会统筹部分与"老农保"相比，新增加基础养老金这一项，"新农保"的最大特点就是缴费由个人、地方政府和国家三方共同承担。可以说"新农保"设立的基础养老金完全是一项惠农政策。

2014 年"新农保"与城乡居民养老保险制度实现了有效对接，新实行的城乡居民养老保险制度的落实，标志着我国社会保障已经进入普惠式福利发展的新时代。在低保户这个群体中，60 岁以上农村居民，也有很大一部分满足基础养老金的领取条件，如果将那些贫困老人无条件地纳入获取基础养老金待遇的人口之中，将基础养老金补贴与低保救助金这两项同时由国家财政提供的保障资金进行统筹发放，是对低保制度实现"有限的资金用在最需要的人"的目的最好的方式。

---

① 郭光芝、杨翠迎：《新农保中地方财政补贴责任的区域比较研究》，《人口学刊》2011 年第 4 期。
② 张盈华、席恒：《新农保：财政补贴怎么补》，《中国社会保障》2009 年第 11 期。
③ 罗微、董西明：《农村低保制度与新农保制度衔接研究》，《农业经济》2012 年第 9 期。

（四）全面推进农村低保与城乡居民养老保险制度的有效衔接

综上所述，城乡居民养老保险制度是化解老年居民生活风险的一项福利制度，农村低保则是满足农村居民最基本的生活需要的一项社会救助制度，是保障农村居民生活的最后一道屏障，起到的是兜底的作用。然而，低保制度面向的低收入群体中，有相当一部分比例的人已经步入老年群体行列，这部分人群只能获得低保补助提供的最基本的生活需求，却无法满足这部分群体养老保障的其他方面的需求，更不可能对城乡居民养老保险制度产生替代作用。这一方面会降低享受低保的农村老年居民的养老保障的质量，另一方面也因低保指标被老年贫困人口占据，从而阻碍了其他农村低收入人口享受低保的权利。

低保作为一种收入再分配制度，如何处理好公平与效率的关系，是需要我们共同关注的社会公平问题。许多学者提出低保制度的"准入—退出"不利，就会加剧农村低保的不公平，因入保不公和退保不畅必然会带来一系列的新的社会问题，也自然不会为低保制度公平施救提供良好的政策支持环境。另外，由于低保制度本身作为一项社会救助制度，决定了其功能只能是低水平的保障，待遇的领取者只能获得最基本的生活保障需求，这对于已经步入老年的农村低收入群体显然也是有失公平的。

那么，针对农村低保制度实施过程中贫困老年人口基本生活保障不足的问题，城乡居民养老保险制度是能够有效地予以规避的。如果将达到一定年龄条件的农村贫困老年居民纳入养老保险制度的体系当中，不仅在理论上具备可行性，而且在技术上实现这一目标也是有可能的。

从制度中我们领悟到政府的财政投入是居民基础养老保险得以实现的前提，如果用支付低保救助同样的资金，将 60 岁以上的贫困老年人口也纳入其中，对那些年满 45 岁低保人口，在获得低保救助期间，可以减免缴费，并按获取低保待遇的时间视其缴费年限。即可不考虑其缴费年限是否满足 15 年缴费的条件，只要在其符合低保待遇期间进入 60 岁，就全部将其纳入可以获得基础养老金最低标准待遇人口中，对已经进入 60 岁符合获取养老金待遇条件的老年人口，按该制度执行最低标准待遇。

在未来 15 年内，对年满 45 岁以上的低保人口，在其 60 岁时，其基础养老金待遇标准可根据其原有的缴费年限情况，不满 15 年缴费的可将缴费年限和获取低保年限累计计算直到满足 15 年，年限多的可按年限提高基础养老金待遇等级。以上人口个人账户储存额支付方法参照个人账户待遇支付的计算方法进行核算。如此做法会在不增加财政的额外负担下，使财政的转移支付的资金发挥更大的社会效能作用。

所以，将农村低保制度与城乡居民养老保险制度有效地结合起来，逐步将农村低保制度的退出机制与城乡居民养老保险制度的准入机制进行有效衔接。凡是满足年龄要求的农村老年贫困人口，逐渐退出低保制度，进而转到养老保险制度体系中，养老保险制度对这部分贫困老年人的保障标准可以适当上浮一定比例。其次，对于退出农村低保制度并纳入养老保险制度体系中的贫困老年人，其负担的养老保险缴费可以由国家财政来承担，这样可以避免因缴费门槛而不能正常参保的情况出现，以此促成农村低保制度与养老保险制度的有效衔接。

二　农村低保制度与残疾人生活保障制度的整合

农村残疾人是社会弱势群体中的特殊群体，他们是由于先天性或非先天性的身心缺陷而不能保证自己可以取得正常的个人生活和社会生活上一切或部分必需品的人，因此，他们的保障问题应更引起国家和社会广泛的关注。目前，我国农村残疾人的社会保障制度已经初步形成，但仍然面临许多困难，例如贫困面大、参保缴费难、脱贫能力弱等。由于农村残疾人最低生活保障实践过程中遭受诸多因素的影响，严重地制约着农村低保制度的高效运行。图 7-2 显示，2010—2014 年我国农村低保救助的残疾人口始终保持在 460 万上下，低保对象中的残疾人口，大多为无劳动能力或部分缺少劳动能力，由于缺少劳动能力，也就很难从绝对贫困人口中脱离出来，更难以从低保对象中脱离出来，低保的动态管理对残疾人口的低保对象来说是不可逾越的鸿沟。

（一）农村残疾人口的生活保障现状

关于残疾人口的社会保障，杨立雄从广义的视角界定了残疾人社会保障，不仅包括残疾人作为正常人所能享受到的社会救助、社会保险和社会福利等项目，还包括残疾人康复、教育、就业、扶贫等制度。①

2014 年 4 月中国残联发布了《2013 年中国残疾人事业发展统计公报》[残联发（2014）29 号]，公布的数据显示：在 60 周岁以下的参保残疾人中有重度残疾人 314 万，其中 302.9 万得到了政府的参保扶助，代缴补贴比例达到 96.5%。有 175.2 万非重度残疾人也享受了全额或部分代缴的优惠政策。② 农村残疾人口是社会弱势群体中最需要帮助的人口，尽管国家通过普惠加特惠的政策、一般制度与专项制度安排相结合的保障措施，并推动采取优先纳入、分类救助等方式，保障

---

① 杨立雄、兰花：《中国残疾人社会保障制度》，人民出版社 2011 年版。
② 资料来源于中国残疾人联合会网站，2014 年 3 月发布的《2013 年中国残疾人事业发展统计公报》。

了部分农村贫困残疾人的基本生活，① 但仍有大部分农村贫困残疾人还没有得到任何的社会救助，生活还处于绝对贫困之中。

由于收入低，农村残疾人的贫困问题较为突出，是最需要扶持的群体。根据《2012 年全国残疾人状况及小康进程监测报告》（以下简称 "监测报告"）的研究结果显示：残疾人家庭人均可支配收入仅是全国平均水平的 56.2%，其中，农村残疾人家庭人均可支配收入为 6971.4 元，是全国农村居民家庭人均可支配收入的 88.1%。缩小残疾人家庭与一般居民家庭收入差距是改善残疾人生活的关键所在。在这份监测报告中，残疾人参加城乡低保的数据如表 7 – 1 显示：②

表 7 – 1　　　　残疾人领取最低生活保障金和得到救济的比例　　　　单位：%

	城镇						农村					
	2007	2008	2009	2010	2011	2012	2007	2008	2009	2010	2011	2012
领取最低生活保障金比例	19.7	21.3	22.6	24	23.7	22.6	12.5	19.6	23.6	28.6	28.1	29.9
得到救济的比例	22.2	26.7	26.6	26.9	25.9	27.0	26.6	28.8	27.2	27.7	25.7	32.8

数据来源：此表为中国残联《2012 年全国残疾人状况及小康进程监测报告》第 14 页表 19 的原表引用。

表 7 – 1 显示：城镇残疾人领取最低生活保障金的比例围绕残疾人总人口 20% 上下波动，农村残疾人领取比例一直在上升，接近 30%，说明农村低保救助对残疾人的覆盖率要高于城市。在获得救济（包括现金或实物）方面，城镇和农村残疾人的数量均呈上升趋势。

图 7 – 4 显示：各年度农村残疾人家庭人均可支配收入呈上升趋势；从残疾人家庭人均收入结构看，农村残疾人家庭可支配收入主要

---

① 程凯：《我国农村残疾人社会保障的现状与对策》，《行政管理改革》2010 年第 7 期。

② 以下相关数据和文字基本引用《2012 年全国残疾人状况及小康进程监测报告》内容。

是靠工薪收入和经营性收入，可支配收入的持续提高的趋势应该是转移性收入和薪资年收入的提高所致。

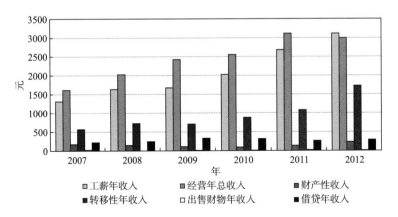

图 7-4　农村残疾人家庭人均可支配收入比较（单位：元）

数据来源：此图根据中国残联《2012 年全国残疾人状况及小康进程监测报告》第 3 页表 3 的原表整理而得。

图 7-5（1）—（3）显示：农村残疾人家庭消费性支出同样是由食品支出、医疗保健支出、住房支出构成，说明残疾人支出基本是以基本生存型支出为主的。

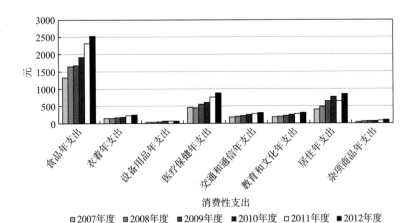

图 7-5（1）　农村残疾人家庭消费性支出（单位：元）

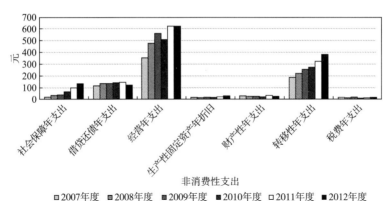

图 7 - 5（2）　农村残疾人家庭非消费性支出（单位：元）

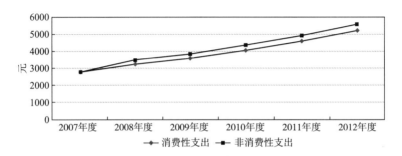

图 7 - 5（3）　农村残疾人家庭消费性支出与非消费性支出比较（单位：元）

数据来源：图 7 - 5（1）到图 7 - 5（3）均根据中国残联《2012 年全国残疾人状况及小康进程监测报告》第 5 页表 5 的原表的数据整理而得。

以上图中，我们注意到的事实是我国农村残疾人即便不是农村低保救助对象，基本生活型保障也是残疾人保障的主要目标，而那些贫困残疾人口的生存型保障是保障中的重中之重。

2010 年末我国残疾人口总数 8502 万人。根据《2013 年中国残疾人事业发展统计公报》［残联发（2014）29 号］显示：2013 年农村828.2 万残疾人纳入最低生活保障范围。① 说明贫困的残疾人口的生活困境更加令人担忧。

————————

① 此数据在民政部发布的低保数据之外，还需加上供养人口。

2012 年中国残联对全国 29 个省（区、市）进行了贫困地区残疾人状况调研，相当数量的残疾人口家庭无任何收入，受教育程度低、缺乏技能和身体条件的制约，应该是贫困人口中扶持难度大、返贫率最高的群体。[①] 一直以来农村残疾人口在一定程度上得到了基本生存保障，但其存在许多亟待解决的生活保障问题。这就不得不使我们去思考残疾人口保障与最低生活保障制度的整合问题。

（二）农村残疾人保障与最低生活保障制度的分析

农村低保制度在对象界定上一般都把处于低保标准线下的老年人、残疾人和孤儿纳入农村低保之中，作为优先保障对象来考虑。在制度执行中，老年人、残疾人和孤儿，可以享有农村低保中的特殊服务。由于这部分贫困残疾人口处于收入的水平更低，生活处境更困难的状态，将按照分类救助的原则，给予的低保救助水平相对较高。这些人申请低保和领取低保金行动不便，需要委托自己的赡养人、监护人以及邻居来代领，或基层干部上门服务。所以，这部分特困残疾人是低保制度中最受关注的对象。

但是，由于低保制度与残疾人口保障的制度错位，使得现有的农村低保制度过于笼统，往往弱化了对残疾人口的生活保障功能。如现有的农村低保制度集合了农村五保户、农村贫困户、农村扶贫对象等多种群体。自然掩盖了残疾人专项保障功能，低保制度也不适合农村残疾居民保障需要。往往会出现：由于低保制度的制约，使残疾人口被排斥在制度之外。

低保的刚性限制会使低保边缘的残疾人口被排斥在制度之外。低保制度规定的家计调查，会使残疾人口自身的收入"被提高"。社会认知较低的农村残疾人口对诸如低保、医疗救助、医疗康复、教育救助

① 2013 年《中国残疾人事业发展统计公报》［残联发（2014）29 号］的主要观点。

等分类救助的存在尚不知晓。由于这些分类救助制度缺乏统一协调的宣传和管理，众多的贫困人口将家庭所有期望都寄托在低保救助的申请上，也使得农村残疾人口因救助门槛高而无缘于低保制度。

针对上述现象，本书建议通过建立残疾人生活保障制度，使那些因身体障碍引发的劳动能力缺失，难以维持生计的残疾人口获得残疾人专门的生活保障制度，制度要有别于最低生活保障制度，让残疾群体能够获得"平等、参与、共享"的保障目标。

（三）构建"低保＋分类保障"的残疾人生活保障制度

1. 残疾人口的生活保障

将农村残疾人纳入所有的残疾人保障制度当中，根据残疾人身体状况提供区别于普通贫困人口的服务，以及实现阶梯式贫困补贴，依据残疾类型和残疾程度来确立残疾人的生活保障制度，来保障残疾人基本生活。

2. 残疾人口的单独收入核算

残疾人的贫富程度不能以家庭人均收入来核算，对残疾人口来说是不符合社会保障的公平性原则的。那些依靠有经济来源的父母维持生活的残疾人口，客观上说是在用剥夺父母的收入来维持自身的基本生活。所以，需要以残疾人自身的劳动能力和收入水平来合理判断其是否需要救助，也只能通过建构一项政府财政单独投入残疾人生活保障制度，以区别于低保制度的制度来进行。

3. 低保制度与残疾人分类保障制度的衔接

这里需要思考的是：如果将残疾人口从低保制度中剥离，单独参加残疾人生活保障制度，可能会导致那些贫困的残疾人口在一般的残疾人口享受的生活保障制度中，因收入的差距出现新制度排斥和新的分配不公，对此，本书建议，可将那些符合最低生活保障条件的贫困残疾人依然作为低保对象，让其先在低保制度中获得基本生存的保障金，之后再到残疾人生活保障体系中获取符合自身需要的分类保障，也就是贫困残疾人口获得的保障应该是基本生存保障加上补充的分类保障，低保作为基本生存的经济保障，补充的是适合残疾人维持普通人自立生活的分类保障。

本章结语

农村低保制度是一项兜底的社会救助政策，只有与其他保障项目有效地结合起来，才能更好地发挥作用。对那些彻底丧失劳动能力的老年人口和残疾人口，国家应该将其作为符合获取低保待遇的贫困残疾人口，在获得低保待遇之外，再增加一份符合老年人口和残疾人生活需要的分类保障待遇，构建一个"基本生存保障（低保）+补充的分类保障（生活服务保障）"的残疾人生活保障体系，通过专门的福利项目来承担起这部分人口的全面保障责任。这不仅可以缓解低保制度的压力，又可以让老年人口和残疾人口的基本生活得到更加有效的改善，同时，也不挤占有一定劳动能力的贫困人口获取最低生活保障的资源和机会。所以，本章重点从最低生活保障与社会保险制度的衔接、最低生活保障与残疾人保障制度的衔接做了全面的分析，提出了具体的制度对接建议。

第八章　构建统筹城乡的最低生活保障制度

通过前面对沈阳地区和湖南永兴县的调查发现，低保制度在城乡之间的发展存在着不均衡的问题，表现在一些地区的农村低保对象与城市低保对象虽然处于同一地区，但由于低保制度归属的差异而享受不同的低保制度保障。其中现有的低保制度因再分配的保障水平不同，导致的新的不公平现象有诸多表现：如家庭收入核算问题、取暖补贴问题、价格补贴问题、低保家庭新生儿接受低保保障时的户籍归属问题等等，这类不公平现象尤其是在城乡结合地区表现尤为明显。为了缓解社会矛盾，本书主张应加快探索构建城乡统筹的低保制度。本章将结合一些地区的户籍改革情况对构建城乡统筹低保制度的可行性进行全面分析。

一　统筹城乡低保制度的必要性和可行性

（一）统筹城乡低保制度的必要性

1. 城乡贫困人口无法公平地享受低保待遇

保障贫困群体基本生存需要是公民的基本权利，城乡居民本应无地域之别享受救助待遇，但制度客观上导致低保的救助内容出现了城乡有别。如：城市低保《条例》规定，"城市居民最低生活保障标准，按照当地维持城市居民基本生活所必需的衣、食、住费用，并适当考虑水电燃煤（燃气）费用以及未成年人的义务教育费用确定”，从规定看城市低保户的救助范围为“衣、食、住、教”。而农村低保出台的《通知》则规定，“按照能够维持当地农村居民全年基本生活所必需的吃饭、穿衣等费用确定”，即农村低保户的救助范围为“衣、食”。虽然二者都考虑到“衣、食”方面，但城市低保户比农村低保户却多了“住”和“教”两个内容。事实上，无论是城市贫困人口还是农村贫困人口都有享受最低生活保障的权利，但现实的保障内容却有如此差异，这显然违背了社会救助的公平性特征。

2. 保障标准的差异性拉大了城乡差距

目前，沈阳城乡现行的最低生活保障标准存在很大差异，即便是2019年7月最新调整的沈阳城区城镇低保标准为每人每月685元，年人均8220元，而城市郊区农村低保标准为年人均5760元/年，相当于每人每月480元。图8-1是2008—2019年沈阳市城乡低保标准调整趋势图。① 从2017年开始，沈阳市民政局统一了城区城保与三县一市城保标准，城郊区农保与三县一市农保，如图8-1所示。

图8-1　2008—2019年沈阳市城乡低保月人均保障标准调整趋势图

① 数据来源：均由沈阳市统计局发布的2005—2019年《沈阳市国民经济和社会发展统计公报》整理而得。网址：http://tjj.shenyang.gov.cn/systjj/sjjd/tjgb/glist.html。

从上图可以判断出：沈阳市农村最低生活保障制度的实施是在财政的转移支付下定期提高标准的过程，无论是从年人均低保标准还是月人均标准，总体的趋势都是按城乡有别分别按同比例调高标准的。所以，趋势图基本是平行向上提升的。

对比全国城乡低保的人均救助标准和救助来看水平（图 8 - 2）：2018 年，全国城镇最低生活保障月人平均标准为 579.7 元（月人平均支出水平为 476 元），农村最低生活保障月人平均标准为 402.8 元（月人平均支出水平为 250.3 元），城镇人平均支出水平是农村平均支出水平的 1.9 倍。① 与全国相比，沈阳的城乡救助水平还是高于全国的。

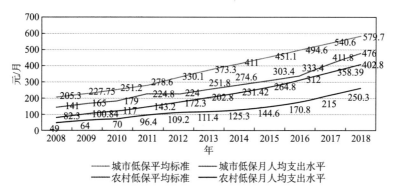

图 8 - 2 全国 2008—2018 年度城乡低保标准及救助水平比较

通过趋势图，我们也看到：虽然城乡保障标准的差距有一定程度缩小，但实际支出水平仍然存在很大差距，农村贫困居民的生活水平要远远低于城市贫困居民，实际补助的差距使原本就存在贫富差距的城乡居民之间的不均衡性进一步拉大。

3. 城乡财政投入影响着制度的实施效果

城乡低保资金的筹集主要由地方政府承担，并且中央政府主要对

---

① 数据来源：民政部网站各年度《社会服务发展统计公报》数据整理而得，网址：ht-tp：//www.mca.gov.cn/article/sj/tjgb/。

农村低保资金而非城市低保资金予以补助。但实际上，从我国的财政投入来看，2007 年以前各级财政对最低生活保障的投入主要是以城市为主（图 8 - 3），2007 年当年对城市低保救助金投入 277.4 亿元，农村仅 109.1 亿元。直至 2011 年，各级财政给予农村的低保救助金的投入才超过城市（图 8 - 4）。2007 年开始推进农村最低生活保障制度，多年来中央财政对城市低保的财政转移支付基本维持在 60% 左右，甚至 2009 年达到 70% 以上，对城市救助的效果明显，农村低保制度实施初期保障资金主要来自于地方政府，中央财政并没有给予支持，后来随着农村低保制度的普遍建立，中央财政才给予农村低保财政支持。2007 年中央财政补助仅 30 亿元，占总投入比例的 27.50%，2008 年中央财政补助 93.5 亿元，占总投入的 40.88%。[1] 由此可见，中央财政对农村低保制度的财政支持力度较弱。这必然导致地方财政负担加大，由于地方财政投入有限反而会降低农村低保的持续增长的保障水平，不能真正地解决农村贫困居民的生活难题。

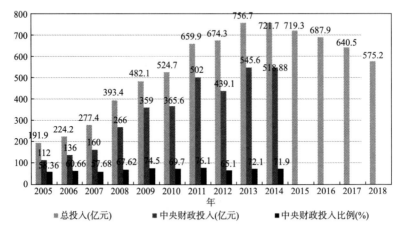

图 8 - 3 中央财政对城市低保救助的财政投入（单位：亿元）

资料来源：根据民政部 2005—2018 年《社会服务发展统计公报》相关数据整理而得。

---

[1] 公维才：《"五位一体"：我国城乡低保制度一体化的基本架构》，《中国特色社会主义研究》2010 年第 1 期。

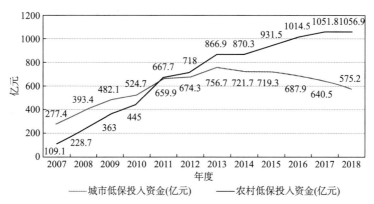

图 8 - 4　2007—2018 年各级财政对城乡低保的财政投入（单位：亿元）

资料来源：根据民政部 2007—2018 年各年度《社会服务发展统计公报》数据整理而得。

2011 年开始中央财政对农村的投入比重首次超过城市，对推进农村低保制度的作用影响便是保障面拓宽，保障标准得到提高，可见中央财政的投入是起直接影响作用的（图 8 - 4）。2013 年到 2018 年，由中央财政投入最高的 2013 年的 756.7 亿元下降到 2018 年的 575.2 亿元，可见中央财政对城市低保的投入资金也在逐年下降。

（二）统筹城乡低保制度的可行性

1. 地区经济快速发展奠定了资金来源的经济基础

根据《2019 年沈阳市统计年鉴》（图 8 - 5）初步核算："2018 年沈阳市实现地区生产总值（GDP）6101.9248 亿元，比上年增长 5.48%。按常住人口计算（831.6 万人），人均 GDP 约为 73473 元，比上一年度增长 5.33%。[①] 全年地方财政一般预算收入 730.3 亿元，比上年增长 1.3%。地方财政一般预算支出 1048.2 亿元，比上年增长 8.6%。" 2019 年全省的城市居民人均收入为 39777 元，沈阳市城市居民人均可支配收入为 46786 元，全省农村居民人均可支配收入为 16108

① 数据来源：2019 年沈阳市统计局《沈阳统计年鉴》，网址：http：//tjj. shenyang. gov. cn/html/SYTJJ/156203305575054/15620336218981/15620336218981/0557505452028197. html。

元，沈阳市农村居民人均收入为 18124 元,[①] 在全省处于遥遥领先的地位。由《统计公报》得出："2019 年沈阳市 2.87 万户、3.75 万人享受了城市居民最低生活保障，累计发放保障金 2.98 亿元；1.57 万户、2.71 万人享受了农村居民最低生活保障，累计发放保障金 0.96 亿元。"[②] 从总体上看，沈阳市已初步具备了实现城乡低保一体化的物质基础和条件。

图 8-5 2006—2019 年度沈阳城乡低保金的财政转移支付（单位：亿元）

2. 相关社会保障法律法规出台是制度统筹的保障

按照中央建设城乡低保的精神，沈阳市先后出台了《沈阳市实施城市居民最低生活保障制度暂行方法》《沈阳市农村居民最低生活保障实施细则》等法律法规和政策文件，使沈阳市城乡低保制度得到了完善和发展。同时，沈阳市已实施户籍改革，从 2010 年开始沈阳市就不再分农业和非农业人口，统一登记为居民户口，户籍制度一体化也为统筹城乡低保制度提供了政策支持。而且农村和城镇最低生活保障制度有很多一致的地方，从内容上讲：无论是资金来源、管理机构、申

---

① 《2019 年辽宁省和沈阳市的国民经济和社会发展统计公报》，中国统计信息网，网址：http://www.tjcn.org/tjgb/06ln/36278_3.html。

② 《2019 年辽宁省和沈阳市的国民经济和社会发展统计公报》，中国统计信息网，网址：http://www.tjcn.org/tjgb/06ln/36278_3.html。

请条件等内容都具有相似之处，进行整合是切实可行的。但我们还要从沈阳的实际情况出发，逐步完善城乡均衡的公共服务体系，加快农村发展。

3. 专业人才培养是城乡生活保障制度实施的前提

目前，沈阳市从事低保工作的专业人才非常少，尽管近年来沈阳市民政部门也通过举办低保工作人员培训班等来提高低保工作人员的专业素质和工作能力，虽然教学内容和实际操作环节还有很多局限性，但也取得了一定的成果。沈阳市也实施一系列的审查、监督问责机制，来提高低保工作的透明度及工作效率。目前，沈阳市已经拥有一支经验丰富、具有较强专业知识、工作细心负责的工作队伍，已为后续的专业人才培养和培训打下了良好的根基。

4. 信息化建设是城乡统筹制度实施的技术平台

早在 2005 年年初，沈阳市全面建设农村最低生活保障制度时，就给农村乡镇配备了工作所需的办公设备，逐步实现了城镇和农村低保工作环境、工作待遇等的统一，尤其是信息化为日后城乡低保统筹管理奠定了扎实基础。沈阳市建立了低保数据资料库，方便了日常工作并提高了工作效率，同时也有利于各界的监督。低保相关部门还创办了网站，便于城乡居民了解低保政策及其配套政策，设立公开电话、邮箱等，广泛采纳各界人士的意见，更好地提供救助服务。

二　国内外低保制度可借鉴的经验及教训

（一）国外生活保障制度可借鉴的经验及教训

1. 弹性化的补充保障

所谓弹性化的补充保障收入是指国家及各级地方政府应根据各地区实际情况的不同调节补充保障收入。如美国规定"补充保障收入的费用由联邦政府承担，各州的地方政府可以在财政上根据联邦支付的情况选择增补。目前全美有 28 个州对补充保障收入提供增补，各州也可以根据实际需要设置不同的申请要求。因此，补充保障收入的收益水平在全美国是不统一的"①。我国幅员辽阔，东西部经济、资源各方面差距较大，因此，现阶段补充保障收入还不能达到全国统一。为了解决各地区贫困群体的实际困难，我们应该借鉴美国补充保障收入的做法，补充保障收入的资金主要由中央政府负担，但各级地方政府可以根据自身实际情况增减救助项目，并参考当地经济发展水平调整保障标准。

2. 临时性的实物救助

近年来，我国经济发展过热，造成物价飞速上涨，城乡居民的工资收入增长水平远远不及物价增长水平，使城乡居民生活面临巨大压力，生活质量明显下降，为了保证城乡贫困群体的基本生活需要，我们应在经济发展过热，物价飞速上涨的情况下，采取各种有效措施缓解矛盾。例如，我们可以在物价上涨时给贫困群体发放食品券，以满足他们的生活需要。美国早已有了类似的措施"食品券（FOOD STAMP）计划"。美国的食品券计划是指："联邦政府与地方政府向无收入或收入低的老人、残疾人、失业者发放一种购买食品的票券，且食品券需在指定的食品零售商店使用，按规定食品券不得用于购买酒精饮料、香烟、药品及现场加工的食品等，发放食品券的目的是维持贫困者基本生存的食物需求。"② 目前，我国很多城市都发生了翻天覆地的变化，虽然经济发展势头良好，但也带来了许多挑战，其中之一就是物价上涨，尤其是生活必需品的价格飞涨，使本来就生活困难的居民雪上加霜。因此，为了维护社会的稳定和谐，当地政府必须果断

---

① 杨冠琼：《当代美国社会保障制度》，法律出版社 2001 年版。
② 祖玉琴：《美国社会救助制度的探析与启示》，《决策咨询通讯》2009 年第 1 期。

地采取措施，适时发放食品券帮助贫困群体渡过难关。

3. 劳动力的失业救助

低保收入给付与刺激就业之间存在着矛盾，可能导致低保对象过分依赖低保收入而放弃寻找工作，然而，就业才是摆脱贫困的根本途径。如德国就实施积极的劳动力市场政策，即"就业取向援助"计划，"就业取向援助计划实施的积极劳动力市场政策有提供'非市场工作'（包括合同工作和'以工代赈'）、工资补助和培训等，津贴领取者有义务参与'工作取向援助'计划，拒绝参与者将受到处罚"①。目前，我国贫富差距过大，贫困群体日益增加，财政的低保支出负担过重，大多低保对象处于"只进不出"的状况，只依靠低保金生活。为了帮助低保对象真正摆脱贫困，就必须采取积极的救助政策，对低保对象进行职业培训、提供公益岗位等，使他们实现"自救"。

4. 家庭的福利政策

儒家思想"讲究家庭的道德责任，即家庭中父母有抚养子女的责任，子女有赡养父母的义务"。但是，近年来家庭类型越发细化，夫妻家庭、核心家庭越来越多，大大弱化了传统家庭的互助功能，因此，我们有必要考虑加强人与人、家庭与家庭之间的交流与互助，重新重视家庭的保障功能。如日本的社会救助制度就充分体现了儒家思想的内涵，关注家庭的保障。日本实施的《生活保护法》，就是现代西方救助理念和传统儒家思想的结合。日本社会救助制度的"家族主义"主要体现在对申请者的家庭收支调查方面，即"日本除了对申请者进行家庭收支情况调查外，还要对申请者的相关扶养义务人进行调查"。只有当家属的扶助无法进行时，才由社会救助机构实施救助，由此可见，日本的社会救助制度十分重视"家族主义"，家庭扶助在社会救助及社

---

① 曹清华：《德国社会救助制度的反贫困效应研究》，《德国研究》2008 年第 3 期。

会保障制度中都起着至关重要的作用。但由于还要对扶养义务者进行家庭收支调查，因此，很多爱面子的日本人不愿申请社会救助，这也阻碍了日本社会救助制度的公平性展现。

在调查中也发现，很多低保户的借贷对象都是亲属，可见，家庭保障功能仍然是社会救助中不可或缺的一环。

（二）国内生活保障制度可借鉴的经验及教训

1. 阶梯式城乡救助体系

受我国"二元"社会结构的影响，城市低保的实施早于农村且比农村发展得成熟，各级政府及普通居民也更关注城市低保的发展，在这种环境下，要积极构建城乡低保一体化就更离不开政府的大力支持。要积极扩大城乡低保的覆盖面，使更多的城乡贫困群体纳入低保体系中。如上海市在统筹城乡低保发展的实践过程中，区镇的财政负担比例要依据当地的经济发展状况而定，以保证在全区范围内提高保障的覆盖面，真正地解决贫困家庭的困难。针对那些经济较落后的村镇，应给予更大的投入，确保当地贫困问题得到适当缓解。

目前，我国大多数地区的城乡低保制度还是分开进行的，且城乡低保标准不同，因此，我们需逐步拉近城乡低保标准，使城乡低保对象都能在同一框架水平下生活。但由于城乡经济文化等发展存在差异，短时间无法完成城乡低保标准统一，因此，需要我们构建阶梯式的低保标准。如上海市根据自身的经济发展状况和所属各区的实际情况，制定了阶梯式的保障标准。最低生活保障的标准应根据不同地区经济发展和城市化程度的不同而定，具体分类见图 8 - 5。

如图 8 - 6 所示，根据 A、B、C 三个地区的经济发展和城市化的水平不同，可将低保标准设计成渐进的，经济发展越好的地区，其低保标准相应的也更接近甚至达到城市低保标准，随着社会的发展，在各方面条件逐步成熟之后，实现城乡统筹的最低生活保障制度。

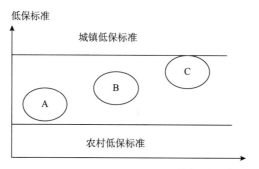

图 8 - 6　渐进式的低保标准

资料来源：此图为笔者参考上海市阶梯式低保标准的做法而得来。

2. 配套的公共服务体系

为了早日实现城乡低保制度的统筹，就要加大对农村建设的投入，逐步提高农民的收入，缩小城乡之间的贫富差距。许多省市在统筹城乡低保建设中就高度重视城乡社会救助和公共服务体系的建设，有效利用城镇先进文化和公共服务的优势，鼓励城镇与公共服务相关的单位将工作推广到农村，同时加快农村公共基础设施的建设，使农民也可享受到社会发展的成果。同时，对一些经济落后地区也做到具体问题具体分析，例如浙江省丽水市经济相对落后，为确保低保制度顺利开展，丽水市严格执行"专款专用"的政策，而在宁波和温州等地相对富裕，低保对象除了领取低保金外，还可以享受其他优惠政策。如宁波市规定："享受最低生活保障的居民凭《最低生活保障领取证》可以免收挂号费、诊疗费、注射费；减免收九年制义务教育阶段的杂费；对日常生活用水、用电等给予补贴等。"

3. 多元化的救助主体

目前，我国社会救助的第一责任主体仍然是政府，但随着现代市场经济的发展，很多人开始探讨政府的职能，尤其是在社会救助领域政府应该扮演什么角色。如香港目前实行的社会救助事业就由非政府组织承担，从事老人、妇女、儿童等方面志愿工作的工作人员众多，回归前的香港已有200多家社会保障服务团体，遍布港岛、九龙等各地区，是香港社会保障体系中举足轻重的一部分。我国现阶段的救助主体主要是政府，但随着贫困人口大量增多，且贫困问题急需解决，我们应该在完善政府救助的同时，积极鼓励非政府力量加入社会救助中来，并且为非政府救助事业的发展提供良好的环境。因此，必须处理好政府与非政府组织之间的关系，如果这一关系处理不好，会直接影响社工的工作积极性，导致服务质量下降，不能真正发挥社会救助的功能。我国应积极探索政府在社会救助工作中所扮演的角色，在实际操作中，政府应多搜集和采纳来自社会各界的意见，与时俱进地调整政策措施，而非政府组织也应该积极配合政府的各项政策措施，规划及调整服务策略，提高专业水平，努力帮助更多的贫困群体。

三　全面构建城乡统筹最低生活保障制度的路径选择

通过分析城市化进程不断加快的沈阳市、以农业为主体的湖南省永兴县，本书并非对二者进行比较研究，而是在探讨统筹城乡的最低生活保障制度是否适应现代化的城市与农业气息浓厚的农村县，通过分析，我们发现，统筹城乡的最低生活保障制度具有必要性和可行性，基于此，本书将就建立统筹城乡的低保制度提供一些建设构想。

（一）城乡统一的保障内容

统一城乡居民低保的内容，一方面有利于提升对农村居民的关注度，将有限的资源更大程度地向农村倾斜，逐步实现城乡之间公共服务的均等化；另一方面，通过缩小城乡低保差距，可以剥离现有城市低保中的其他附加值，有利于解决"低保退出难"的问题。低保制度实施之初，由于低保金少且申请者有面子问题，低保政策并不受居民重视，但随着政府给予低保家庭的医疗、教育、住房等优惠照顾越来越多，使人们对低保趋之若鹜，没享受低保的找关系进入低保，已经是低保的不愿意退出。这种现象导致低保资源被浪费，只有实现城乡低保一体化发展，才能使有限的资源合理充分地被利用。

统筹城乡居民最低生活保障的内容，首先，应在设立项目上进行统一，现在沈阳市周边郊区发展很快，城乡居住环境越来越相似，更多的农民搬进了楼房，过起了跟城市居民一样的生活。因此，城乡居民最低生活保障的内容也要不断完善，尤其是农村低保方面，也应该考虑基本生活需要开支上的优惠。由于城乡低保对象大多是因病致贫，医疗救助的力度必须加大，而农村的新型合作医疗制度的报销比例远不及城镇基本医疗保险。因此，面对高昂的医疗费用农村低保对象更是无力负担，所以，我们要不断提高农村新型合作医疗的救助力度，使城乡居民都能得到保障。其次，调查发现，低保对象大多文化程度偏低，对低保制度不熟悉，对自己应该享受的权利不清楚，因此，必须深入每村每户去宣传低保制度，让他们了解自己的权利，使低保对象享受到更多的优惠政策。

（二）渐进式提高保障标准

由于目前沈阳市各区经济发展情况不同，要想做到完全统一条件还不允许，因此，对于经济状况较好的地区，实行较高水平的低保标准；对于经济状况较差的地区，则实行较低水平的低保标准。具体来说，充分考虑沈阳市的 GDP 总量、居民年人均可支配收入、物价水平等因素确定下一年的最低生活保障标准。具体方案为：不考虑城乡差别，只考虑当地实际的经济状况，按当地上年度居民年人均可支配收入 30% 的比例核算，确定为各地区低保标准的下限。同时，要根据物价的变动来调整低保标准。物价变动时，尤其是基本消费品价格大幅上涨或突发性生活必需品价格大幅上涨时，可采取向低保对象发放一次性价格补贴的办法，帮助低保对象渡过难关，间接建立一个联动机制。首先，对与居民生活密切相关的生活必需品的价格进行监控，根据价格的变动随时启动或关闭联动机制。当价格指数的涨幅超过一定百分比时，重新研究核算低保标准并及时调整低保标准。其次，低保对象的补贴标准也应适时进行调整。由于低保标准的制定是否合理关系到低保制度能否真正发挥积极作用，因此，需要一支专业素质较高的队伍进行调研工作，这样制定出来的低保标准才能科学合理。同时，这支队伍还要密切关注当地的物价水平、居民收入情况等，以免所制定的低保标准脱离实际，无法维持低保对象的基本生活，并依据经济发展状况来判断低保标准的调整频率。

（三）完善社会救助财政投入机制

针对社会救助财政投入不足、财政分担机制尚未理顺等问题，今后一段时期，应从健全社会救助资金预算管理、规范社会救助财政责任分担、优化社会救助资金转移支付、建立财政投入稳定增长机制等方面着力来完善社会救助财政投入机制。

1. 健全社会救助资金预算管理

作为现代公共财政强化支出管理的重要手段，预算制度在实践中取得了显著的实效，今后，应将专项救助也纳入预算筹划当中，逐步健全社会救助各类子项目的预算管理。比照现行的财政预算体系，最明显的莫过于在各地的相关统计年鉴中，社会救助这一项目的归类只是简单地分属于"抚恤与社会福利救济费"，而且，条目交叉混乱、内容粗略不一等问题在下设的"款"级条目中存在较多，均不利于救助资金的高效配置。对此，应在各级财政预算管理体系当中将各类专项救助的财政分拨纳入其中，并增设低保救助、五保供养等主要救助项目为"款"级预算科目。例如，浙江省对医疗救助资金的预算管理规定，当地财政必须按照至少人均3元的标准安排医疗救助的专项预算。此外，社会救助经办机构工作经费不足的问题也需引起重视，应该按照工作中的实际经费需求和各项人工成本等综合情况合理安排开展救助工作的行政管理费科目。与此同时，随着福利彩票公益金在社会救助中所发挥的作用逐渐提高，相应的规范管理工作也有待加强。

2. 规范社会救助财政责任分担

受分税制改革的影响，在各级政府对社会救助资金的财政责任分担方面，当前的普遍做法是按照各级政府财政收入的多少以及相应事权的大小合理划分财政责任，在此基础上中央政府再依据各地实际情况适当给予财政拨款，并鼓励地方政府力尽其能地发挥自身积极性。但是，具体到不同救助项目上各级政府的财政责任分担还存在着责任推诿、互不统一等问题，而且对于何种项目归根到底应由哪级政府主责、中央财政的转移支付如何落实到位等问题都还没有形成制度化管理。对此，结合"省管县"的改革形势，一方面，应该主动克服省级财政为了减轻社会救助的资金负担而将相应事权上推中央、下压区县的不良举措（参见表8-1），逐步加大省级财政对社会救助资金的投入力度，另一方面，中央财政在该领域注入的补助份额也应进一步提高。

表8-1　　　　　当前我国主要社会救助项目的政府事权

救助项目	职责划分
城乡低保制度	地方职责，中央选择性补助
农村五保供养	地方职责，中央选择性补助
各类专项救助	地方职责
城乡灾害救助	按灾害类别，中央地方共有职责
流浪乞讨救助	地方职责，中央补助

资料来源：江治强：《我国社会救助的财政问题与对策探析》，《山东社会科学》2008年第5期。

3. 优化社会救助资金转移支付

整合城乡社会救助资源是政府在社会救助财政支出过程中履行公

平原则的根本体现。当前，已经具备了"工业反哺农业"和"城市带动农村"的基本条件，在继续推进城市社会救助的同时，应适时调整全省社会救助的公共财政投入结构，在救助资金的支出上适度向农村倾斜。在确定转移支付时，"社会救助均等化"的理念和实践应该加以重视，相比于以往过多关注纵向转移支付的做法，横向转移支付的实践效能也要大力提升，尤其是要加大对辽西北地区一些贫困区县的对口支援。在此过程中，还需重点加大对农村医疗救助、教育救助、住房保障、征地补贴和农村剩余劳动力就业援助等方面的财政转移支付力度，特别要保证贫困地区救助资源的发放和落实。另外，针对社会救助财政资金在转移划拨过程中由于程序繁杂导致耗费过多时间和成本的问题，可从"省管县"的财政体制改革试验当中借鉴有益经验，探索由省级财政直接安排面向区县财政的社会救助转移支付办法。

（四）专业管理和政府监督制度

目前，虽然城乡低保制度是相互独立运行的，但其实管理制度有很多相同之处，因此，建立城乡统一的低保管理制度是可行的。但是，目前我国社会保障体系中的各个方面都隶属于不同的部门，如最低生活保障制度由民政部负责，而医疗救助却跟卫生部门相关，尽快以法律形式明确从中央到地方各级政府的管理职能。中央层面设立专业生活保障机构，涵盖民政、财政、社保等相关部门，要整合低保资源，集合救助力量；在省、市层面设立最低生活保障制度的管理机构，在街道设置低保办事处，主要负责低保工作的具体操作，如入户进行家计调查、审查低保对象等。

监督机构，一方面是要有效监督城乡低保工作人员的执法行为；另一方面要监督低保资金的使用。以确保公众获得最真实最及时的信息，保证低保工作的透明性和公开性。此外，在开展工作的具体过程中，要以基层组织为核心，以社会力量参与为辅助。基层组织是低保工作的直接执行者，然而，制约基层组织发展的最大因素就是经费不足，因此，各级政府要将基层组织的工作所需经费直接列入财政预算，以保证基层组织可以顺利开展工作。

（五）构建全方位的失地农民生活保障制度

失地农民的生活保障不能仅依靠一次性的征地补偿金，也不能仅依靠"土地换社保"的简单做法，因为享受社会保障是每一个公民的应有权利，而不应该以丢失土地的代价来换取，最可取的办法就是将完善的征地补偿安置措施与规范的低保救助管理体系相结合，进而构建全方位的失地农民生活保障制度。

1. 完善征地补偿和就业安置政策

土地是农民最基本的生产资料和生活保障，当土地被征用，曾经的农民失去了最基本的生存基础，至少应该获得能够与过去的土地收益相对等的其他收入渠道和机会。对此，政府等相关征地单位应该从三个方面对被市民化的贫困失地农民提供补偿：一是提供就业培训和稳定的就业机会，这是维持失地农民可持续生计的根本出路；二是提供养老、医疗、子女教育等方面的社会保险缴费补贴和专项救助，这是消除失地农民后顾之忧的物质基础；三是提供一定数额的征地补偿金，保证贫困失地农民家庭可以在短期内（通常是5—7年）维持正常的生活开支，这是消除失地农民心理落差的过渡措施。如此一来，既可以切实保障失地农民的基本生活，又可以从源头上减轻"一刀切"式低保救助的压力。

2. 规范低保救助的综合管理体系

首先，要健全低保救助的资金预算管理。与征地事宜相关的各级政府应该按照非农建设用地的具体规划，在每一年度的财政预算当中列出失地农民补偿安置费用的专门项目，尤其在城乡低保救助的资金预算上面应给予更多照顾。其次，在低保对象的退出方面应采取逐步递减的方式。制定具体的激励办法，引导低保对象积极就业，在其获得一定工作收入的基础上，短期内即使超出规定的低保救助标准，也要采取低保金逐步递减扣除的方式，以此保证退出低保以后的顺利过渡，保留其遇到返贫危机的心理退路。最后，要完善低保救助的收入核定与监管机制。结合城乡户籍改革的变化，建立标准统一和灵活掌控的资格审查、就业登记和劳动合同监管制度，将贫困人口的综合信息作为申请低保时的审核依据，为低保人员建立诚信档案，规避骗保行为，切实做到"应保尽保，应出尽出"。

（六）推进城乡居民养老保险制度与低保制度的有效衔接

应处理好城乡居民养老保险与农村最低生活保障制度、被征地农民养老保险、农村计生奖励扶助政策、新农合等制度的配套衔接。保证不同群体都能够享受城乡居民养老保险的基础养老金；在城乡居民养老保险制度实施过程中，按照不同保障制度可以相互衔接，待遇可以累积的原则，保障参保人继续享受原待遇权益；最终实现建立一体化的社会保障体系。

2014年2月，人力资源与社会保障部办公厅下发了《关于做好新型农村和城镇居民社会养老保险制度与城乡居民最低生活保障农村五保供养优抚制度衔接工作的意见》，根据该意见，新型农村和城镇居民社会养老保险制度实施时，16—59岁符合"新农保"和"城居保"参保条件的低保、五保对象，应按规定参保缴费，享受政府补贴和集体补助。可以说，该意见的出台对于城乡贫困老年人社会救助与养老保险的配套衔接起到了促进作用，然而参保缴费以及缴费年限的门槛设置还是让众多贫困老年人深受困扰。2014年国务院又发出了"新农保"与"城居保"的制度衔接的通知，这也为我国实现低保制度与养老保险制度的有效衔接提供了制度保障。

对此，应逐步探索贫困人口的养老保险缴费免除制度，由政府为贫困人口代缴养老保险费或者制定相关缴费优惠政策，使得贫困老年人也可以享受养老保险待遇，进而减轻社会救助的压力。可供借鉴的经验是目前许多国家开始采取的"社会养老金"，即非缴费型退休金计划，受益者无须个人缴费，资金完全由政府承担，只要达到政策规定的基本条件即可领取养老金。典型的例子是南非的"国家养老金"计划，该计划由国家为贫困家庭老年人提供养老金，并结合诸如儿童津贴、残疾人津贴和抚育照料津贴等项目实施分类社会救助。[1] 国家养老金计划不仅降低了老年贫困发生率，而且提高了老人所在的整个家庭的生活水平，更为重要的是，它还具有促进人力资本投资的功能，原本用于照料老人的费用可以用到儿童的成长和教育方面，对儿童素质的改善起到重要帮助。当前，"新农保"向 60 岁以上农村老年人提供的非缴费型基础养老金实际上已经具备了社会养老金的特征，但待遇水平有待提升，具体做法还有待改进。

（七）促进贫困残疾人口的低保 + 分类保障制度的建构

贫困残疾人分为具有劳动能力的和丧失劳动能力的两大类型，对具有劳动能力的未就业贫困残疾人，相关部门要免费开展残疾人职业技能培训，让残疾人掌握一定劳动技能，并为其提供求职登记、用工信息、职业介绍、就业扶助等综合服务，推进残疾人就业信息网络建设；对已就业的贫困残疾人，在确保与健全职工同等待遇的基础上，给予适当照顾；对因企业效益不好，必须放长假的残疾职工，要保证其家庭成员人均收入能够满足基本生活；对具有经营能力，申请从事个体经营的贫困残疾人，工商行政管理机关要适当放宽经营范围，简化办照手续，优先核发执照，减免工商管理费，集贸市场开办单位要对其减收设施租赁费，公安、城管、交通管理机关对其在规定范围内

---

① 徐月宾、张秀兰、王小波：《国际社会福利改革：对中国社会救助政策的启示》，《江苏社会科学》2011 年第 5 期。

设售货摊点要优先批准。

但是，就贫困残疾人而言，大多数为丧失劳动能力者，这类残疾人因无法或难以就业，最为迫切的需求是身体康复，可当前的低保救助并不能提供这样的服务。对于身体无法康复的贫困残疾人，因其自身不具备脱贫能力，一旦进入低保便很难退出，不但给低保制度造成压力，而且就其自身而言终身只能满足基本生活所需，得不到任何转机和发展。这就需要今后构建失能贫困残疾人的终身年金式福利制度以取代对其的低保救助，加快推进残疾人康复工作的社会化、市场化进程，充分利用社会闲置的人才、技术、设备、资金创办康复机构，为贫困残疾人提供全方位康复服务。目前，在残疾人保障制度尚未完全形成终身式年金福利制度之前，可将贫困残疾人享受低保制度作为基本生存保障，加上作为补充的残疾人生活服务保障体系模式，为下一步构建残疾人终身年金式福利制度做前期准备。

本章结语

通过分析可以看到最低生活保障制度城乡统筹的必要性与可行性均已具备，但是，实现这一目标并非一步之遥，需要在尊重城乡现实差距的基础上，使制度保有适应城乡贫困人口生活的灵活性，由对城乡受助者设置适当差别的待遇标准逐步过渡到给予所有城乡贫困人口平等受助的权利。而在制度统筹走向定型的过程中，完善农村低保制度理应成为重中之重。首先，要合理转变"重城市轻农村"的救助理念，并尽快出台城乡统一的救助法规；其次，要因地制宜制定低保标准和通过多元化渠道筹集资金，并建立城乡一体的动态补贴和自然增长机制；再次，要加强专业管理岗位与专业人才队伍建设，弥补农村低保工作的岗位空缺与人员空白；最后，还需要进一步在城乡低保对象的识别以及细分、救助金的管理与发放、工作人员的培训与监管、人员综合信息的共享等方面做出统一规范。在此基础上,理顺低保制度与其他专项救助制度的关系,让低保制度在城市逐渐发挥出一定的就业激励作用,在农村与"新农保"制度、扶贫开发等其他反贫困政策更有效地衔接,最终形成城乡统筹的最低生活保障制度。

第九章 互联网+农村受灾人口生活救助

　　农村受灾人口生活救助是《社会救助暂行办法》规定的八种社会救助类型之一，是指国家、社会对因遭遇各种自然灾害而陷入生产、生活困境的受灾人口进行抢救和援助的一项社会救助制度。其目的是通过救助，使受灾人口等摆脱危机，同时使灾区的生产、生活等各方面尽快恢复正常秩序。

　　农村受灾人口生活救助的研究范围应根据《自然灾害救助条例》和《社会救助暂行办法》中的相关条款确定。《自然灾害救助条例》第八条规定了灾害救助应急预案，包含了以下六项条款：一是灾害救助组织指挥体系及职责。二是灾害救助队伍。三是灾害救助资金、物资、设备。四是灾害的预警预报和灾情信息的报告、处理。五是灾害救助响应等级和相应措施。六是灾后救助和居民住房恢复重建措施。《自然灾害救助条例》规定了灾害救助的工作机制和范围。《社会救助暂行办法》第四章规定了受灾人口救助制度，它其实规定的是受灾人口生活救助和临时救助。

　　《自然灾害救助条例》和《社会救助暂行办法》都强调紧急疏散与转移受灾人口、救助物资供应（食品、饮用水、衣被、取暖）、医疗防疫服务救助、灾情评估、受灾人口过渡性安置、居民住房恢复重建救助。尽管《自然灾害救助条例》和《社会救助暂行办法》立法侧重点存在差异，但二者立法宗旨和使命是相同的，都意在救助受灾人口。有鉴于此，本章综合上述两部行政法规的相关规定，在大数据时代和趋势下，遵循"灾前、灾中、灾后"这条主线，基于"互联网＋"这一新媒体时代的基础设施开展研究。

本章对互联网＋农村受灾人口生活救助做出如下界定：互联网＋农村受灾人口生活救助是指国家利用互联网平台、大数据、智能终端以及云计算等新信息通信技术，建立政府主导、社会参与的多元化灾害防灾减灾救助统筹机制与救助服务网络。互联网＋农村受灾人口生活救助是推动我国当前农业产业结构转型升级和加快农村经济社会快速发展的国家战略，也是我国农村社会救助工作智能化创新发展的重点方向。

一 互联网＋农村受灾人口生活救助的现实意义

（一）互联网＋农村受灾人口生活救助是大数据时代的新型救助模式和重大课题

近年来，随着个人数字助理、智能手机、移动互联网、社交网络的发展与普及，各类基于智能手机定位的移动数据、GPS 轨迹数据、地铁公交刷卡数据、社交网络数据等呈"爆炸式"增长，社会进入了大数据时代。在此背景下，这些海量的、基于位置的移动轨迹数据和社交网络数据在灾难发生的情况下，为人流移动的分析、建模、预测以及灾难应急管理提供了新的方法。例如，日本东京大学的研究人员通过对推特数据进行分析和挖掘，对地震进行了实时预警。瑞典斯德哥尔摩大学的研究人员收集了 190 万海地手机用户的移动数据，通过这些数据分析海地大地震发生后，灾民移动行为模式。此外，东京大学宋轩团队建立了一个 160 万人在日本一年中的 GPS 移动轨迹数据库，利用这个数据库对东日本大地震和福岛核事故发生后的灾民移动、避难行为进行了建模、预测和模拟。研究发现，在东日本大地震发生前后，日本首都圈人流移动明显减缓，整个首都圈公共交通完全陷入了瘫痪状态。大型灾难后的灾民避难行为通常是群体性的，并受到多方面因素影响，如新闻舆论、政府行政命令、救灾措施与援助、灾民的社会关系以及社交网络传播等。因此，在大数据时代下，分析和挖掘灾民的灾后避难行为模式，对于灾难救援和应急管理有着非常重要的意义。

（二）互联网＋农村受灾人口生活模式可使政府掌控救助的网络动员主动权

网络动员是以网络作为工具开展的社会动员，是依靠手机、网络等信息化手段，相互沟通，在无组织、无领袖的状态下，集体开展的特定群体活动并实际行动的组织过程。网络动员与传统社会动员相比具有三个主要特点：第一，网络动员主体具有广泛性和不确定性。主要原因是网民数量大且具有隐匿性。第二，网络动员过程具有交互性和受质疑性。第三，网络动员具有草根性和低成本性。在网络动员时代，传统社会动员已经无法继续发挥原有的作用。这就要求政府必须与时俱进，开展网络动员。

网络动员管理方式虽有进步意义，但在互联网＋农村受灾人口生活救助实践中，政府需要重视的突出问题是，如果忽视网络动员的负面性，不同步发展互联网＋农村受灾人口生活救助服务体系，并对多元化的、良莠不齐的网络动员实施有效监管，则势必会造成救助秩序混乱甚至引发灾区恐慌、社会动荡。因此，政府必须在培养多元化与权威性的网络动员主体同时，密切监控并及时干预社会组织、民间团体、网络媒体和公民个体的互联网＋农村受灾人口生活救助网络动员行为。因此，政府构建互联网＋农村受灾人口生活救助服务体系，就可以将社会组织和个体的网络动员行为纳入政府有效管理。

（三）互联网＋农村受灾人口生活救助具有基于大数据的灾害
预警优势

网络信息与通信技术提升、革新应用成为灾害救助重要手段。灾害的成灾因素日趋复杂，及时准确地预测突发性灾害事件成为互联网时代预警机制建设和防灾减灾工作的核心目标。然而，社会系统复杂性不断提升，致使受灾人口的心理与行为，应对灾害资源需求，事件承载体的抗风险能力都会发生变化，也大幅增加了灾情精准预测与迅速警示的难度，给防灾减灾工作带来困难。大数据时代信息与通信技术不断提升和革新应用导致涉灾资讯规模急剧膨胀并迅速提升灾情流转活性。行之有效的预警系统是降低灾害风险，挽救众多农村居民生命和财产利益的重要助力，是做好防灾减灾工作的重要手段。身处危险区域的农村居民能否及时获知准确的灾情状况与合理的应急建议是评判预警成效的重要指标。

发掘灾害预警客观规律，降低灾害预测成本。传统的灾害预测与预警流转机制受到分散监测与多头管理、技术垄断与延迟报送、人力物力资源投入不足以及受灾居民缺乏有关灾害防御知识等不良因素的影响，陆续暴露出孕灾因子监控不全、预测数据获取片面化以及警情信息流转不完善等严重问题。基于巨量涉灾数据采集与处理的防灾减灾措施，能够提高灾害预警效率，发掘灾害预警客观规律，降低灾害预测成本，能够提高灾害风险因子识别精度，增加多元预警标识获取、管理、共享与交互的科学性、及时性与统一性，重构稳定高效的灾害应急管理系统，推进人与自然和谐进步。

可形成彼此制约且无缝链接的权限控制、物资调度与信息监控方案。海量数据挖掘技术在灾害致因采集、管理与加工中的广泛运用有利于整合各类软硬件资源、避免重复投资并及时获取信息源，助力各级灾害管理部门及其工作人员、相关机构组织和社会个体等形成彼此制约且无缝链接的权限控制、物资调度与信息监控方案。遍布全球的不同级别和类型的紧急灾害数据库、再保险公司及私人灾害信息中心等共享海量涉灾资讯与数据处理模型，提前以最有效、最快捷、最便捷的方式向各级各地灾害管理部门、处于危险区域的单位和个人传递灾害频率、变化趋势、成因和影响等。例如，泛网大数据灾害警示平台的巨量数据网格化单元管理的"一键发布系统"在"3.11东日本大地震"中快速的全覆盖警情传播争取到12秒，避免了新干线脱轨灾害，切实提高了防灾减灾的正效率。

降低偏差预测与错漏警示频繁发生。灾害预测与警情流转过程受制于处理者知识储备、既发预警事件处理传统及不同地区的不同自然环境、经济政治与社会文化等，致使偏差预测与错漏警示频繁发生。充分发挥大数据识别、分离、分析孕灾数据的强大能力是促使受灾群体有效开展防灾减灾活动的重要条件。不同时期、不同地域、不同社会政治经济环境下多样化灾害事件的具体表征是持续变化的。实践中预测人员难以客观准确地判定风险要素预警信号的标识阈值，往往依赖经验和直觉进行决策，造成巨大的生命财产损失。超出传统的获取、存储、管理与分析数据集成的大数据运作的预测准确性远胜于传统数据分析，能够从庞杂的灾害物理信息、地理空间信息、灾情信息与救灾业务信息等信息资源中提取关涉灾害风险的数据。从大数据中凝练的具有连续性、实时性与动态性等特征的分级评估预警阈值是针对特定灾害现象发展趋势的精确预测，大幅降低了警示信号标识的误差率，实现预警决策从假设推动到数据推动的飞跃，有助于公众广泛参与灾害预警与警情流转。四川成都高新减灾研究所链接全国地震资源的大数据震警系统不仅在雅安地震中发挥了重要的预测作用（为雅安主城区争取了5秒，为成都主城区争取了28秒，避免了巨额生命财产损失）；云南沧源地震中更在提前 93 秒向昆明预警之余，第一时间基于海量传感器提取与受灾居民通过链接预警数据库的中断设备（如手机、平板电脑、手提电脑等）上传的地表晃动、房屋损坏与人员伤亡等情况绘制成"烈度速报"和"人工灾情采集"应急数据图，为灾害管理相关部门的决策工作、社会各界人士的救援活动与受灾人口的自救行为提供了重要参考。

（四）互联网＋农村受灾人口生活救助可提高政府灾情挖掘效率

在海量时空轨迹数据中，挖掘不同类型的灾难行为模式，通常需要先对个体数据在灾难发生前长时间的移动行为模式进行分析，找出一些显著地点，如住所、工作单位、经常光顾的超市和商店等。通过对比灾难发生前后显著地点分布的变化，挖掘出个体中长期的避难行为和返回情况。东日本大地震和福岛核事故发生后，福岛县、宫城县和岩手县灾民的中长期避难行为和一些主要受灾城市的人口情况发生变化。基于位置的社交网络挖掘研究发现，在海地大地震中，灾民的移动和避难行为模式通常和他在正常情况下的移动高度关联，个体灾民的避难模式常常取决于他在正常情况下的社交联系。因此，基于个体的长期移动轨迹数据，对其在灾难发生前后的社交网络挖掘变得尤为重要。近年来，理论界通过建立移动个体间基于位置的图模型、基于用户的图模型以及基于用户和位置的图模型对个体间的社交网络进行建模。同时，基于位置的社交网络挖掘也成为数据挖掘和城市计算等研究领域的热门课题。

在灾害发生后，城市受灾程度、城市类型、交通状况、各种新闻媒体报道、社交网络数据传播、政府避难建议以及安置点处置等等各类复杂因素都会对灾民的避难行为产生影响。东日本大地震发生后，世界各地各类媒体、社交网络等对福岛核事故进行广泛的报道讨论后，在福岛县及其临近的县市产生了大规模的人流移动和中长期避难行为。

分析各类复杂因素是如何影响灾民的避难行为的，并对其建模和进行因果推断就显得尤为重要。

二 互联网＋农村受灾人口生活救助面临的问题

2014 年至今，尤其在国家发布《关于积极推进"互联网＋"行动的指导意见》后，国内一些科研团队、灾害救助等行政部门积极开展理论政策研究与实践探索，提出了互联网＋灾害预警、互联网＋灾害金融扶贫、互联网＋智慧农村信息等发展方向。目前，国内开展社会救助理论和政策研究的科研院所主要研究内容是社会救助政策、城乡低保救助、医疗救助、流浪乞讨人员救助、教育救助、法律援助、临时救助、儿童救助和"三无"人员等其他弱势群体救助。对互联网＋灾害救助体系、物联网＋灾害救助体系研究都极为不足。相关研究成果没有对政府构建互联网＋农村受灾人口生活救助体系、物联网＋农村受灾人口生活救助体系决策发挥有效支撑作用。虽然已有的研究和探索取得了一定实效。然而，互联网与农村受灾人口生活救助深度融合、共享发展的理论与政策研究及实践探索尚处于起步阶段，仍存在一些亟须讨论解决的突出问题和重难点问题。

（一）互联网＋农村受灾人口生活救助制度建设滞后

互联网＋农村受灾人口生活救助的制度不够健全。2014 年以来，国家提出一系列发展"互联网＋"的文件、规划等制度，然而互联网＋农村受灾人口生活救助、物联网＋农村受灾人口生活救助制度建设步伐跟不上国家步伐，明显滞后。各地区虽制定了互联网＋农村受灾人口生活救助制度，但都各自为政。究其根源，国家层面和地方层面的互联网＋农村受灾人口生活救助立法建设都存在"一事一法"的特点，就是一个灾种由一部法律作出规定，一部法律又由一个部门来执行，导致一旦出现新的灾种，应对工作将面临无法可依的局面。单行法应付不了难以预测的巨灾，急需综合性的法律体系。

由于国家和地方都缺少调整农村受灾人口生活救助关系的灾害救助法，灾害救助的"救急"色彩较浓，制度化的水平不高。加之目前央地两级并没有制定出台灾害救助法，更没有互联网＋农村受灾人口生活救助专项法规，以明确政府在互联网＋农村受灾人口生活救助中的职责、受灾人口在灾害救助中的相关权利及灾害救助的程序、标准和法律纠纷处理机制。这一现状也使地方互联网＋农村受灾人口生活救助立法层级低，专项法规匮乏。

（二）政府相关部门对互联网＋农村受灾人口生活救助工作观念转变速度滞缓

各级政府重视程度不够。应急管理部门、救灾物资管理部门、农业部门等灾害救助部门虽然也在积极探索互联网＋防灾减灾救灾和智能化物联网＋防灾减灾救灾两种新兴的工作模式，但实际上并不十分重视，甚至是抵制，行政层级越低，问题越严重。从目前救灾救助部门发布的相关规章制度以及救灾实践工作看，灾害预警预报和应急响应备受重视，可见互联网＋农村受灾人口生活救助工作仍偏重已经滞后的信息化。另外，从各地区政府推进互联网＋发展战略行动上来看，普遍存在对互联网＋国家发展战略认识程度低，重视程度不够等突出问题。

互联网对社会的冲击是颠覆性的，大数据已成为新经济发展重要资源，各地区应从长远战略角度统筹规划，应对这一趋势和挑战，重视互联网和大数据的价值，地方领导人主观上有敷衍上级之意。各级政府部门尤其是灾害救助部门应尽快改变观念，提高认识，积极行动，杜绝懒政行为，探索互联网＋防灾减灾救灾和智能化物联网＋防灾减灾救灾两种新兴的工作模式。

对大数据下的互联网＋农村受灾人口生活救助工作安全存在担忧

心理。国家《促进大数据发展行动纲要》指出，2018 年底前各地区要实现公共数据资源合理适度向社会开放。然而，地方与灾害救助紧密相关的地震、气象、海洋、国土资源以及承担主要救灾救助责任的民政部门、应急管理等部门对海量大数据资源使用和信息公开存在"不公开是常态，公开是找麻烦"的旧思维。常以涉及国家安全和社会稳定为由拒绝公布社会民众享有知情权的公共数据。

各部门之间的信息互联互通共享平台和机制暂未建立，部门间信息割裂问题严重，空间背景信息数据共享难。灾害由多部门分别管理。雪、雨、风灾害由气象部门负责；干旱、洪水、雨涝由水利部和农业部负责；农业病虫害由农业部负责；林业病虫害、森林火灾由林业部门负责；风暴潮、台风、赤潮、海冰由海洋部门负责；滑坡、泥石流、地面沉降由国土资源部门负责；地震、火山由地震部门负责；灾害救助由应急管理部门负责。

在互联网 + 时代，各地灾害救助信息流动、共享应超出本行政区划，地方政府及负责灾害救助的部门应具有全国性视角，中央层面负责农村受灾人口生活救助的部门更应具有全国性视角，实现全国性信息库和地方性信息库的互联互通与共享。然而，现存的突出问题是，国家层面的灾害预警预报、受灾人口、灾害损失、交通疏散、水资源污染、工农业生产、金融贷款以及公共部门、民间组织参与救援等信息数据分散于全国性基础信息数据库、国家救灾减灾各部委自建的信息库和地方政府相关职能部门自建的信息库，全国范围内尚无共享机制和平台，这些基础数据无法整合使用在一定程度上阻碍了地方突发性自然灾害救助的及时性，降低了灾害救助的质量。

对互联网 + 农村受灾人口生活救助全民化趋势缺乏足够认识。以移动电话、PAD、智能可穿戴产品、物联网等为代表的移动网络设备、技术的社会化普及应用表明政务工作已进入全民网络时代。农村受灾人口生活救助部门对构建全民参与的救助服务体系缺乏系统的科学规划意识，仍固守政府大包大揽的旧观念。对个体和互联网公司参与防灾减灾救助工作的社会责任及救助能力缺乏应有的信任。在前互联网＋农村受灾人口生活救助时代，政府主要是通过强制性指令发动自然灾害救助，参与救灾的各类单位和群众具有较强的特定性，灾害信息传递、寻亲找人、捐款捐物、灾后扶贫融资也都具有滞后性和地域局限性。然而，在互联网＋农村受灾人口生活救助时代，计划指令性的政府包办救灾模式已不再符合时代需求，社会公众获知信息的时间甚至比政府救灾部门都要早，灾害信息传递、寻亲找人、捐款捐物、灾后扶贫融资等具有瞬时性，诸如此类的工作都是通过移动互联网完成的，这些移动互联网工具的使用者恰恰多是社会公众。而且，从雅安地震等灾害救助实践中可知，互联网＋时代的社会公众的救灾参与度明显提高，这些新媒体时代的特征亟须政府灾害救助部门高度关注，并尽快调整救灾方案、组织机构、管理制度、业务流程，构建由尽可能多的社会公众参与的全民化灾害救助体系。

工作人员排斥互联网＋农村受灾人口生活救助新兴工作模式。工作人员不愿意改变原来的线下工作模式，认为线上和线下频繁转换比较麻烦，抵制互联网＋农村受灾人口生活救助工作模式，导致线上和线下两种工作模式无法快速融合发展。工作人员懈怠学习"互联网＋"新知识。不了解其科学内涵和互联网＋农村受灾人口生活救助的政策思路，有些人甚至歪解互联网＋农村受灾人口生活救助国家战略意图，竟然认为互联网＋农村受灾人口生活救助融合是政府的噱头。

（三）物联网＋农村受灾人口生活救助发展滞后

农村受灾人口生活救助工作重点、难点和关键点是帐篷、棉衣棉被、食品、饮用水、居住设施、服装、药品等救灾物资应急调度。雅安地震灾害救助物品曾因没有使用 RIFD 物联网技术致使发放混乱。如今救灾物资网络化连接已成历史趋势，然而各地并不太重视物联网推广使用工作，对构建地面、高山、水中、空中四位立体化的物联网救灾体系缺乏整体规划设计与大量设备投入，未在致灾因子上普遍安置读写器、传感器及地震带上安装监测装置，且 RIFD 技术使用推广滞缓。

《物联网应用推广专项行动计划》中的 10 个物联网计划包含有"公共安全防范与动态监管"计划，这一个计划应用领域是"重大自然灾害预警与防灾减灾能力建设"。然而到目前为止，地方"自然灾害预警与防灾减灾能力"物联网应用示范和规模化推广专项行动并未取得重大突破，所谓的新进展、新突破基本上都是地震局、气象局早已建立的"自然灾害预警与防灾减灾能力"体系，并没有从网络经济引发的经济社会颠覆性变革的角度推进国家的专项行动计划。而且，物联网发展中出现的新问题也缺乏有效的应对措施。例如，随物联网产业的发展和应用领域的延伸，将有更多的业务种类出现。细分业务过多会导致大量的"信息孤岛"现象，使信息无法有效共享和处理，且不利于整合及行业标准的制定。然而，各地在促进各细分领域融合方面进度缓慢，同时在制定物联网行业统一标准与统一行业应用平台开发方面也缺乏积极的应对态度，阻碍了物联网业务快速融合进度。

（四）互联网 + 农村受灾人口生活救助大数据信息深度挖掘力度小，大数据蕴含的重要价值未得到充分重视和使用

未充分重视网络大数据下的人类行为信息对灾害预防的价值。对网络信息缺乏及时必要的统计分析，未深入挖掘人群行为和灾害发生之间的相关性。原有的理论认为，致害因子和灾害事件之间具有因果关系，如今的大数据颠覆了这一理论，只要通过网络大数据发现致害因子和灾害事件之间具有相关关系就可以发布预警信息。

未充分重视灾后有价值大数据的深度挖掘。日本和欧洲的科研团

队高度重视基于互联网＋农村受灾人口生活救助信息深度挖掘。东京大学科研团队采用东日本大地震灾害中受灾人口使用手机信息研究了人们疏散的时间、方向、距离、道路拥堵、回流等问题，精确地计算出了人们逃离灾区的中长期避难行为的具体里程数、受灾城市不同时间点的人口变化率等数据。意大利、英国等科研人员基于移动互联网研究了海地大地震和阿尔卑斯山受灾人口疏散时间、方向、距离、回流等问题。在关于海地大地震的移动互联网大数据挖掘中，研究人员精确地计算出了人们在灾后一个月内撤离到同一省份的比例（85.5%）等数据，误差仅为 0.85%—1.6%。国防科技大学、电子科技大学、国家减灾中心减灾和应急工程重点实验室等国内科研机构和团队目前也在积极挖掘基于移动互联网的灾害救助数据信息，但灾害救助部门对诸如此类的科研成果转化应用并不重视。

对互联网＋农村受灾人口生活救助的大数据资源挖掘存在固化思维。未充分理解大数据时代的主要特征，存在重视样本数据而忽视全体数据；重视确定性而忽视混杂性；重视因果关系而忽视相关关系等旧有思维。同时对大数据与灾害救助管理之间逻辑关系的发展趋势认识不够。大数据正在推动科学研究向除了以观察和实验为代表的经验研究、以逻辑分析为代表的理论研究和以模型为代表的计算机仿真研究以外的以大数据挖掘和分析为代表的研究范式转变。

三　互联网＋农村受灾人口生活救助体系建设措施

（一）政府救助部门应转变观念，构建多支柱保障机制和平台

牢固树立互联网＋农村受灾人口生活救助理念。构建互联网＋灾害预警、互联网＋灾情发布、互联网＋社会参与、互联网＋农村受灾人口生活救助、互联网＋农村受灾人口生活捐助、互联网＋舆情应对等重点保障机制和平台。建立制度化的各级地方政府"一把手微信群"

网络平台，由本级政府一把手、分管副职领导、防灾减灾与社会救助等相关部门负责人加入，以信息化推进互联网＋灾害救助工作。

加强防灾减灾信息资源利用。着力推进数据汇集和发掘，深化大数据在防灾减灾领域创新应用，利用大数据洞察民生需求，研发大数据、数据挖掘、知识发现和表达等关键技术，最大限度地有效利用数据，提高灾害管理科学决策的精准性和可靠性。基于多灾种、多数据、多方法、多要素关联综合，分析业务逻辑，创新业务模式，深入研究业务流程与数据应用深度融合和全息数据呈现的大数据解决方案，开展灾害风险、灾害损失和社会影响等灾情信息综合分析评估，提高科学性、客观性、准确性和时效性。围绕全社会生产、生活和管理灾害信息服务多样化、个性化和差异化需求，研究新产品、新服务和新业态，形成大数据产品体系，提升信息产品、服务、内容的有效供给水平，强化网络减灾文化建设，缩小城乡区域差距，防灾减灾信息惠民更加公平普惠和便捷高效。

创新防灾减灾资源开放共享政策。科学规范利用互联网和大数据技术，破解政策瓶颈，完善与之相适应的政策体系、标准规范和体制机制。促进防灾减灾公共信息资源和社会事业等数据开放共享和高效利用，加快防灾减灾政府信息平台互连互通和集成整合，盘活数据资源，消除信息孤岛，加强业务协同，保障数据安全。加强跨界融合型人才培养，创新灾害管理模式，积极促进防灾减灾与新一代信息技术融合的业务与服务和科技与产业发展，实现数据信息获取利用的及时、充足、可持续，灾害评估与产品服务的定性、定量、定位，业务系统与平台的互联、互通、互动，资源开发与协同融合的共建、共享、共用。

（二）加快互联网＋农村受灾人口生活救助网络基础设施建设

建立互联网＋农村受灾人口生活救助互联互通信息共享机制。转变"信息公开是例外，不公开是惯例"的旧观念。破除信息孤岛、数据割据等观念、理念、部门利益保护意识。充分发挥政府海量信息数据资源在互联网＋农村受灾人口生活救助中的重要作用。把民政部门、应急管理部门、国土资源部门、住房和城乡建设部门、交通运输部门、水利部门、农业部门、卫健部门、统计部门、林业部门、地震部门、气象部门、保监部门、海洋部门以及军队等部门存储控制管理的信息整合成一个互联互通的共享平台。加快推进互联网＋农村受灾人口生活救助服务体系与互联网、物联网、通信网、遥感网、传感网等技术系统的深度融合。为乡镇、村级组织配备必要的网络设备和技术系统。扩大农村地区 **APP** 技术系统覆盖面，使其辐射到村级社区、农户、乡镇企业和其他组织。

健全互联网＋农村受灾人口生活救助政府门户网站，及时更新信息，清理僵尸网站，发挥部门领导信箱、QQ 咨询、微信平台、公众号的作用。完善防灾减灾信息基础设施。充分利用国家、社会资源和新一代信息技术成果，加强顶层设计和架构研究，形成更广泛互联互通的防灾减灾信息基础设施，实现互联网、物联网、通信网、遥感网、传感网等深度融合和人、机、物泛在互联，增强应用支撑和安全保障能力，防范由于互联网＋带来的新风险。优化数据中心布局，构建国家灾害与风险管理云计算和大数据服务平台，形成以数据为核心的信息流、业务流和服务流，提高信息服务内容在线化水平，信息服务辐射至基层社区、企业和家家户户，惠及普通农村居民、相关机构和社会组织，服务于各级政府科学决策。

（三）构建政府＋互联网企业为框架的多方合作机制

政府应根据国家《关于积极推进"互联网＋"行动的指导意见》，加大互联网基础设施建设以及政策扶持，提高农村居民的互联网认知度及使用率。建立互联网＋农村受灾人口生活救助部门与各类知名网络公司的战略合作平台和运行机制。发挥百度、阿里、腾讯等互联网公司在大数据挖掘利用、捐款、产品救灾、行为救灾等方面服务作用，为政府制定精准救灾方案提供有力支撑。

（四）健全应用制度和标准规范体系

依据《自然灾害救助条例》和《国家自然灾害救助应急预案》等制度，健全互联网和防灾救灾救助具体制度和标准规范。完善基于互联网的全国性防灾救灾救助风险管理信息平台与数字减灾工程建设。健全大数据公开、资源使用、数据确权等制度。建立健全灾害舆情监测和监管处罚制度。依法监控虚假灾害信息。制定民间志愿者参与灾害救助管理办法等制度。

加快建设灾害预警的法律保障体系。传递及时、覆盖面广且复播率高的灾害预警模式是有效开展灾害防御工作的核心环节。亟待制定与完善明确各级各类灾害管理部门、诸多大数据关联企业、其他组织机构及社会公众灾害预警与警情传达中权力和责任的法律规范体系，避免侵害数据产权、知情权、隐私权、公平受益权等的人为伪预测与虚假警情传播，保障科学性、持续性与准确性的预警标识识别与采集、警示产品制作与处理以及警情数据的发布与流转等。

（五）完善信息技术系统和救助方式

利用互联网及时报送灾情，进一步开发完善目前的手机报灾 APP 系统，使其与安卓系统、苹果移动操作系统、思科网际操作系统等主流技术系统融合，并与北斗、GPS 等导航定位技术系统融合。使用无人机监测灾害，通过互联网传输采集的图像和视频信息，提高救灾救助综合分析能力。使用互联网远程遥控智能机器人开展灾后搜救，提高灾后搜救成功率。使用视频监控系统指挥现场救援。视频监控、视频会议等数据通信系统作为抗震救灾应急联络指挥的辅助系统，在通报险情、指挥救援、紧急救助等方面发挥出的重要作用，是传统语音通信系统无法替代的。除此之外，无线视频传输系统也是救援者的助手，不仅在人员不能进入的地方进行拍摄并实时传回图像，而且可以在抢救受伤人员时实现远程会诊。

（六）重视物联网＋农村救灾物资运输管理

加快储备救灾物品智能化建设进程，对分散运输的救灾救助物品的不同组成部件采用 RFID 技术，可确保不同部件数量、型号在发放和组装时能完全匹配。对于食品、饮用水等对安全性要求较高的生活物资，借助 RFID 技术，可快速准确识别生产日期、类型，确保灾民安全放心使用。利用 RFID 对救灾救助物资进行精准管理，实时了解物资的运输及分配情况，根据实际需要对物资进行及时调配和分发

发挥物流企业免费邮寄救灾物品作用。在这方面，日本做法值得借鉴，日本地震灾害频发，政府在全国各地区的地震带上都设置了监测装置，24 小时将信息实时传递到监控机构。在东日本大地震灾害发生后，日本更加重视物联网＋地震灾害救助，打造了地面、高山、水中、空中四位立体化的物联网防灾救灾救助综合体系。日本建立了较为完备的地震救灾体系。同时信息技术及 RFID 无线射频识别技术也被广泛地应用到预防地震的各个层面。日本气象厅利用网络技术实现"紧急地震迅速预报"，即把家庭、办公室的家电产品、房门等物品和互联网连接起来，由电脑自动控制，当地震计捕捉到震源的纵波以后，可在 3—5 秒后发布紧急预报，系统接到紧急地震迅速预报以后，能即刻自动切断火源。（一般来说离震源数十公里至上百公里的地方地震横波大约 30 秒左右才到）在灾难应急机构的要求下，手机都安装了 GPS接收器，便于救援人员准确追踪到使用者位置。目前在日本使用的手机大约有 30% 都可以由 GPS 追踪到。在救灾中使用无线射频识别技术（RFID），在避难的道路路面上贴上 RFID 标签，避难者通过便携装置可以清楚地知道安全避难场所的具体位置；如果有人被埋在废墟堆里

不能动弹或呼救的话，内置 RFID 标签的手机会告诉搜救人员被埋者所处具体位置，使搜救者能以最快速度展开营救。

（七）重视全民参与救灾的时代趋势

最大程度吸引社会大众参与灾害预警信息传播、受灾情况报送等工作。推广互联网＋远程医疗救助服务，提高救助率和人员生还率。在道路受阻，专家医生无法快速达到灾区现场进行施救情况下，远程医疗会诊系统打破了空间限制，将后方宝贵的专家医疗资源及时传送到灾区一线，可以及时为灾区需要救护的灾民提供权威的医疗指导。远程医疗系统综合了现代通信技术、医疗影像技术、多媒体技术和网络传输技术，提供远距离医学信息和服务，具体包括远程诊断、远程会诊及护理、远程教育、远程医疗信息服务等所有医学活动。远程医疗系统在业务层面实现多媒体通信系统与医院医疗信息系统的对接；在功能层面实现各联盟医院的视频、音频和数据以及医疗业务的互联互通；在应用层面实现手术室、医疗培训室、诊治室、放射室等科室的全面互通。在救灾活动中，远程医学系统充分发挥了后方对前方的医疗支援作用。灾区各医院的远程医学卫星站点和医疗队的机动远程医疗装备，成功地进行了多例远程医疗会诊。远程医学系统还将灾区医疗救治的动态视频、音频信息等第一手资料，在第一时间直接传送到指挥组和前方军区抗震救灾指挥部，使抗震救灾指挥部门能够及时了解和掌握一线救治情况，发挥前后方医疗救治信息沟通和网上指挥协调的作用。

推广互联网＋金融平台服务，发布捐赠信息，便于民间捐赠，让捐赠资金和物品接受社会监督。依托互联网，利用视频监控及人脸识别快速搜索需要寻找的亲人。生命侦测仪是通过测试被探测者的呼吸运动或者移动来工作的。由于呼吸的频率较低，一般每分钟 16 次，就可以把呼吸运动和其他较高频率的运动区分开来。在汶川大地震搜救中，中国及世界各国的专家，利用生命探测仪进行探测，搜救出数万名被困的同胞。音频生命探测仪可探测以空气为载体的各种声波和以其他媒介为载体的振动，并将非目标的噪音波和其他生命探测仪背景干扰波过滤，进而迅速确定被困者的位置。高灵敏度的音频生命探测仪采用两级放大技术，探头内置频率放大器，接收频率范围为 1—4000Hz，主机收到目标信号后再次升级放大。它通过探测地下微弱的诸如被困者呻吟、呼喊、爬动、敲打等产生的音频声波和振动波，就可以判断生命是否存在。雷达生命探测仪通过检测人体生命活动所引起的各种微动，从这些微动中得到呼吸、心跳的有关信息，从而辨识有无生命。

（八）建立互联网＋农村受灾人口生活救助预警平台，加大人才培训力度

重点培训、培养区县、乡镇、村级三级灾害救助部门工作人员。大数据挖掘技术是寻找涉灾数据资源前瞻性应用途径的重要工具。通过关联算法有效识别和利用固态物理设备、移动终端及从各行业的海量传感器中提取的原始数据，需要专业能力与综合素质兼优的复合型从业队伍保驾护航。基于大数据灾害预警参与组织和个人的能力评估与结果验证，制定具有针对性的操作培训方案并有效协调监测团队，有利于避免具体灾害事件预警过程中人员不到位或能力不足的恶劣状况。通过建立嵌入大数据灾害管控平台的人力资源管理信息系统，全方位优化人员数据搜集、处理、存储与分布流程，形成人才决策、协调、控制与分析的开放式管控机制，确保涉灾因素获取、审查、处理与传输全程的最优化。

本章结语

互联网、物联网与农村受灾人口生活救助怎样深度融合发展是当

前政策、理论研究热点和前沿问题。本章论述了互联网＋农村受灾人口生活救助的意义、灾害大数据深度挖掘、物联网＋农村受灾人口生活救助发展滞后等目前互联网＋农村受灾人口生活救助理论、政策研究和实践发展中存在的突出问题和重难点问题，分析这些问题产生的主要原因，从移动互联网APP技术系统推广、政府主导构建全民化灾害互联互救服务体系等方面提出解决这些问题的途径。互联网对农村受灾人口生活救助工作的影响是颠覆性的，救灾部门和人员应改变抵制、漠视、懒政等做法，深刻理解互联网＋农村受灾人口生活救助工作大趋势，提高认识，加快推进多元化、社会化、全民化"互联网＋农村受灾人口生活救助"服务体系建设进程。

参考文献

吴忠民：《社会公正论》，山东人民出版社 2004 年版。

穆怀中：《社会保障国际比较》，中国劳动社会保障出版社 2002 年版。

钟仁耀：《社会救助与社会福利》，上海财经大学出版社 2005 年版。

唐钧：《中国城乡低保制度发展的现状与前瞻》，社会科学文献出版社 2005 年版。

薛薇：《SPSS 统计分析方法及应用》，电子工业出版社 2005 年版。

胡敏洁：《福利权研究》，法律出版社 2008 年版。

童星、赵海林：《影响农村社会保障制度的非经济因素分析》，《南京大学学报》（哲学·人文科学·社会科学版）2002 年第 5 期。

洪大用：《如何规范城市居民最低生活保障标准的测算》，《学海》2003 年第 2 期。

顾东辉：《小康社会的最低生活保障线》，《华东理工大学学报》（社会科学版）2003 年第 2 期。

陈雁：《谁能享受最低生活保障——城市最低生活保障制度的建立和推进》，《经济世界》1996 年第 8 期。

洪大用：《当道义变成制度之后——试论城市低保制度实践的延伸效果及其演进方向》，《经济社会体制比较》2005 年第 3 期。

洪大用：《完善社会救助、构建和谐社会——2005 年社会救助实践与研究的新进展》，《东岳论丛》2006 年第 3 期。

张时飞、唐钧：《辽宁、河北两省农村低保制度研究报告》，《东岳论丛》2007 年第 1 期。

高文敏：《借鉴国外社会救助的经验完善我国城镇居民最低生活保障》，《理论探讨》2004 年第 6 期。

崔万有：《日本社会救济与社会福利》，北京师范大学出版社 2009 年版。

许世建、陈宝昌：《为农业经济加保险——对构建江西农村最低生活保障制度的探讨》，《江西农业大学学报》（社会科学版）2006 年第 3 期。

施锦芳：《国际社会的贫困理论与减贫战略研究》，《财经问题研究》2010 年第 3 期。

周文文：《伦理理性自由——阿玛蒂亚森的发展理论》，学林出版社 2006 年版。

陈明文：《分级负责与合理负担——我国农村最低生活保障资金筹措方式浅析》，《湖南行政学院学报》2007 年第 1 期。

政部财政科学研究所"农村低保制度研究"课题组，赵福昌:《经济研究参考》2007 年第 15 期。

曾云燕：《辽宁农村最低生活保障制度研究报告》，《前沿》2009 年第 1 期。

邓大松、王增文：《我国农村低保制度存在的问题及其探讨——以现存农村"低保"制度存在的问题为视角》，《山东经济》2008 年第 1 期。

洪大用：《进一步完善中国社会救助体系的若干问题》，《长沙民政职业技术学院学报》2003 年第 3 期。

马强、姜丽美：《我国推行农村低保制度的障碍与对策》，《农村经济与科技》2005 年第 11 期。

吕学静：《完善农村居民最低生活保障制度的思考》，《经济与管理研究》2008 年第 1 期。

陈成文、胡书芝等：《社会救助与建设和谐社会》，湖南师范大学出版社 2007 年版。

王瑾瑜：《论农村最低生活保障制度的缺陷与完善——仅以沈阳市××区为例》，《劳动保障世界》（理论版）2010 年第 11 期。

徐志宏：《城镇低保动态管理的有效途径》，《中国社会报》2009 年 2 月 19 日。

王志凌、刘琳、左先华：《对我国农村居民低保制度中退出机制问题的探索和思考》，《科技信息（学术研究)》2007 年第 30 期。

赵复元：《建立农村最低生活保障制度的综述》，《经济研究参考》2005 年第 55 期。

王海忠：《农村最低生活保障制度运行研究——以河南省 Q 县为例》，硕士学位论文，湖南师范大学，2010 年。

刘娟：《我国农村扶贫开发的回顾、成效与创新》，《探索》2009 年第 4 期。

谢东梅：《农村最低生活保障的制度特征与筹资机制》，《未来与发》2009 年第 3 期。

肖云、李亮：《农村最低生活保障制度筹资研究》，《合作经济与科技》2009 年第 8 期。

肖云、李晓甜：《论农村最低生活保障对象的目标定位》，《许昌学院学报》2009 年第 1 期。

张时飞：《用参与式贫富排序方法识别农村低保对象：一项探索性研究》，*The Hong Kong Journal of Social Work*，2003（02）：191 – 203。

沈阳市统计局：《历年统计年鉴》，网址：http：//tjj. shenyang. gov. cn/systjj/tjsj/ndsj/glist. html。

黄晨熹：《社会救助的概念、类型和体制：不同视角的比较》，《华东师范大学学报》（哲学社会科学版）2005 年第 3 期。

刘三超：《物联网技术在灾害应急救助中的应用》，《中国减灾》2011 年第 17 期。

范一大：《防灾减灾从"+互联网"到"互联网+"》，《中国减灾》2016 年第 5 期。

陶亮：《从世界互联网大会看互联网+减灾救灾》，《中国减灾》2016 年第 5 期。

邵志国、韩传峰：《"互联网+"助力社区防灾减灾能力提升》，《中国减灾》2016 年第 5 期。

陈敏、高雪芬：《北斗导航技术在山地休闲旅游应急救援管理中的应用研究》，《四川林业科技》2016 年第 1 期。

廖永丰、聂承静、胡俊峰、杨林生：《自然灾害救助评估理论方法研究与展望》，《灾害学》2011 年第 3 期。

胡鞍钢、陆中臣、沙万英：《中国自然灾害与经济发展》，经济科学出版社 2013 年版。

高庆华：《中国自然灾害的分布与分区减灾对策》，《地学前缘》2013 年第 10 期。

马宗晋、李闽锋：《自然灾害评估、灾度和对策》，《中国减轻自然灾害研究》，中国科学技术出版社 1990 年版。

张宝军、胡俊锋、吴建安：《自然灾害救助服务标准体系初探》，《灾害学》2013 年第 2 期。

初建宇、苏幼坡：《构建工程建设综合防灾标准体系的探讨》，《自然灾害学报》2009 年第 3 期。

刘少云：《标准体系表性能和标准化原理概述》，《中国标准化》2000 年第 9 期。

郭捷、穆维博：《我国民间救助的法律困境与解决对策》，《西南政法大学学报》（社会科学版）2014 年第 4 期。

王晗：《辽宁省自然灾害财政补偿的问题与对策》，《东北财经大学学报》（社会科学版）2010 年第 1 期。

杨立雄、陈玲玲：《欧盟社会救助政策的演变及对我国的启示》，《湖南师范大学社会科学学报》2005 年第 1 期。

吕雪锋、陈思宇：《自然灾害网络舆情信息分析与管理技术综述》，《地理与地理信息科学》2016 年第 4 期。

翟丹妮、黄卫东：《物联网在灾害救助物资管理中的应用》，《南京邮电大学学报》（社会科学版）2012 年第 1 期。

郝琳：《我国农村低保户常见自然灾害救助制度研究》，硕士学位论文，东北师范大学，2011 年。

刘军林、陈小连：《智能旅游灾害预警与灾害救助平台的构建与应用研究》，《经济地理》2011 年第 10 期。

花菊香：《灾害社会救助中保障、凝聚、包容与增能之整合路径》，《社会科学》2010 年第 12 期。

王煜、毛雪岷：《基于网络本体语言 OWL 数字化自然灾害应急救助预案要素的实现》，《安徽农业科学》2010 年第 26 期。

范厚明、赵彤、刘妍、韩震、董国松、石丽红：《我国突发自然灾害救助应急物流配送机制研究》，《大连理工大学学报》（社会科学版）2008 年第 4 期。

［英］Peter Aleoek，*Understanding poverty*，London：Maemillan Publishing Company, 1993: 89 – 97.

［New Zealand］Satya Paul, "Amodel of constructing the poverty line", *Journal of Development Economies*, 1989（01）: 12 – 15.

［英］Tess Ridge. Sharon wright. Understanding inequality. Poverty and wealth: Policies and Prospects ［M］. Policy Press, 2008.

［美］Midgley, J. 2008. The United States: social security policy innovations and economic development. in J. Midgley and K. L. Tang（eds.）*Social Security, the Economy and Development*, Palgrave: Macmillan.

［美］Barrientos, A, Santibanez, C. New Forms of Social Assistance and the Evolution of Social Protection in Latin America. *Journal of Latin America Studies*, 2009, 41,（1）.

［日］桥木俊诏:《セーフテイネット經濟学》, 日本经济新闻社2000年版。

［日］埋桥孝文:《生活保護》（日文），ミレルウア書房2013年版。

［日］安部由纪子、玉田桂子:《最低赁金・生活保護の地域差に關する考察》,《日本勞動研究雜誌》, 2007: 563、31 – 47。

［日］玉田桂子、大竹文雄:《生活保護制度は就勞意欲を阻害してぃゑか アメリカの公的扶助制度との比較》,《經濟研究》, 50卷3号, 2004: 1 – 25。

［日］田岩正美、岩永理惠:《ミニマム・ィンカム・スダンダード（MIS法）日本の最低生活費試算》,《社会政策》4（1）, 2012: 61 – 70。

附录1

调查问卷

亲爱的朋友：您好！

我们是××××大学的调查员，这是我的学生证。农村居民最低生活保障制度自××实施以来，这项制度的效率和效果始终是社会关注的焦点。您是这项制度的受益者之一，因此您目前的生活状况以及对制度的意见对政府决策具有重要的参考作用。为此，我们想耽误您半个小时的时间了解您的生活经历、现状和想法，希望您能支持和配合。

本次调查我们并不记下您的姓名，所有资料将按国家统计法严格保密。请您不用担心。为了感谢您的支持，我们将送给您一点小礼物，作为调查的纪念。

××××大学农村最低生活保障制度调查组

20××年××月

联系人：××××　　　电话：×××××　　　调查员_____　　　审核员_____

调查时间：___月___日　　地区编号_____　　乡编号_____　　问卷编号：_____

国家社科基金"农村居民最低生活保障制度推进政策研究"课题

低保对象调查问卷

家庭基本情况（1）

编号	家庭成员	性别	年龄	文化程度		婚姻状况	健康状况	残疾类别
	1 配偶 2 父母 3 祖父母 4 子女 5 孙子女 6 非直系 7 其他	1 男 2 女	（周岁）	1 小学及以下 2 初中 3 高中及职高 4 中专中技 5 大专 6 本科 7 本科以上		1 未婚 2 已婚 3 离婚 4 丧偶	1 健康 2 一般 3 体弱 4 慢性病 5 严重疾病 6 其他	1 语言残疾 2 视力残疾 4 智力残疾 5 精神疾病 6 肢体残疾 7 其他
1	被访者							
2								
3								
4								
5								
6								
7								
8								
9								
10								

家庭基本情况（2）（家庭收入即后4项请用文字填写）

编号	家庭成员	劳动能力	身份类别	本人是否有收入	谁是家庭收入的主要来源	家庭经营性收入	工资性收入	财产性收入	转移性收入
	1 配偶 2 父母 3 祖父母 4 子女 5 孙子女 6 非直系 7 其他	1 健全 2 部分丧失 3 完全丧失	1 务农 2 养殖 3 外出务工 4 家务 5 个体经营 6 打零工 7 学生 8 其他	1 是 2 否	1 配偶 2 父母 3 祖父母 4 子女 5 孙子女 6 非直系 7 其他				
1	被访者								
2									
3									
4									
5									
6									
7									
8									
9									
10									

注：家庭经营性收入含农林牧渔、建筑、运输、加工、服务业经营收入。

工资性收入含劳务收入、退休金、各种保险金、补偿金等。

财产性收入汉利息、股息、租金、红利等。

转移性收入含赡养费、抚养费、馈赠和继承收入。

家庭基本情况（3）（家庭收入请填写实际收入）

编号	家庭成员 1 配偶 2 父母 3 祖父母 4 子女 5 孙子女 6 非直系 7 其他	参加社会保险情况		家庭收入情况（2009 年 12 月）								
		养老保险 1 参保 2 曾经参保后来断保 3 应参保未参保 4 其他	新农合	家庭经营性收入	工资性收入	财产性收入	转移性收入	实物收入	打零工收入		其他收入	
									实际收入	行业评估收入	总金额	领取时间	计算收入月数
1	被访者											
2												
3												
4												
5												
6												
7												
8												

注：家庭经营性收入含农林牧渔、建筑、运输、加工、服务业经营收入。

工资性收入含劳务收入、退休金、各种保险金、补偿金等。

财产性收入利息、股息、租金、红利等。

转移性收入含赡养费、抚养费、馈赠和继承收入。

家庭基本情况（4）

项　目	1 食品	2 衣着	3 教育	4 家常杂用	5 医疗	6 住房
金额（元/月）						
项　目	7 交通通讯	8 水电燃料	9 赡养费	10 抚养费	11 烟酒嗜好	12 其他
金额（元/月）						

1. 您家最早从什么时候开始领取最低生活保障金？_____年_____月

2. 目前您家每年领取的低保金金额是_____元

3. 您家中得到低保的家庭成员有_____人？

3-1 是否有需要分类救助得到保障标准上浮 20% 的家庭成员？

① （　） 有（进入3-2）　②（　） 没有　③（　） 不清楚

3-2 如果有，他（她）是家庭成员的_____？救助的原因：

①（　） 60岁以上老人　　②（　） 重度残疾人

③（　） 双残户中残疾人　④（　） 丧偶单亲家庭中的未成年人

⑤（　） 重病人员　　　　⑥（　） 大中小学生

4. 您家享受低保的时间有没有间断？

①（　） 有　　　　　　②（　） 没有

5. 您家如有间断，请回答：（上一题答①的请回答，答②的不用回答）

第一次	第二次	第三次
从____年___月到____年___月	从____年___月到____年___月	从____年___月到____年___月
间断原因： ①（　） 收入超过标准 ②（　） 违反有关规定 ③（　） 原因不明	间断原因： ①（　） 收入超过标准 ②（　） 违反有关规定 ③（　） 原因不明	间断原因： ①（　） 收入超过标准 ②（　） 违反有关规定 ③（　） 原因不明

6. 您家在领取低保金期间金额有没有调整？

①（　） 有　　②（　） 没有　　③（　） 不清楚

7. 如有调整，请回答：（上一题答①的请回答，答②的不用回答）

第一次	第二次	第三次
____年___月	____年___月	____年___月
①（　） 调低了　②（　） 调高了	①（　） 调低了　②（　） 调高了	①（　） 调低了　②（　） 调高了
调低的原因： ①（　） 家中有人收入高了 ②（　） 家中有人开始领养老金 ③（　） 有家庭成员去世 ④（　） 家中有其他进项 ⑤（　） 其他原因	调低的原因： ①（　） 家中有人收入高了 ②（　） 家中有人开始领养老金 ③（　） 有家庭成员去世 ④（　） 家中有其他进项 ⑤（　） 其他原因	调低的原因： ①（　） 家中有人收入高了 ②（　） 家中有人开始领养老金 ③（　） 有家庭成员去世 ④（　） 家中有其他进项 ⑤（　） 其他原因

第一次	第二次	第三次
调高的原因： ①（　）政策性调整 ②（　）家中有人病残丧失劳动能力 ③（　）家中有人上高中或大学 ④（　）家庭收入因特殊原因减少 ⑤（　）其他原因	调高的原因： ①（　）政策性调整 ②（　）家中有人病残丧失劳动能力 ③（　）家中有人上高中或大学 ④（　）家庭收入因特殊原因减少 ⑤（　）其他原因	调高的原因： ①（　）政策性调整 ②（　）家中有人病残丧失劳动能力 ③（　）家中有人上高中或大学 ④（　）家庭收入因特殊原因减少 ⑤（　）其他原因

8. 您家目前的户口所在地与您的居住地是否一致？

①（　）一致　　②（　）不一致，但在同一个乡

③（　）不一致，但在同一个区（县）

④（　）不一致，但在同一个市

⑤（　）其他情况（请注明＿＿＿＿＿＿＿＿＿＿＿＿＿＿）

9. 如果不一致，其原因是：＿＿＿＿＿＿＿＿＿＿＿＿＿＿＿

10. 您家的住房面积（居住面积）是：＿＿＿＿平方米（居住面积）

11. 您家承包的土地有＿＿＿＿亩？

是否自己耕种？（　）①是

②不是（原因：＿＿＿＿＿＿＿＿＿＿＿＿＿＿＿＿＿＿＿）

12. 您家住房的性质是：

①（　）祖传私房　　②（　）自建房　　③（　）租房借房

④（　）建房补贴　　⑤（　）其他

13. 您家住房的质量是：

①（　）新房　②（　）一般　③（　）旧房　④（　）危房

14. 在过去的一年中，您和您的家庭在低保金以外还享受过以下的现金补贴（救助、捐赠）吗？

年节补助	医疗救助	住房救助	子女就学救助
(1)（ ）享受了	(1)（ ）享受了	(1)（ ）享受了	(1)（ ）享受了
金额　元	金额　元	金额　元	金额　元
(2)（ ）没享受	(2)（ ）没享受	(2)（ ）没享受	(2)（ ）没享受
没享受的原因： ①（ ）不知道 ②（ ）没申请 ③（ ）不符合 ④（ ）正办理	没享受的原因： ①（ ）不知道 ②（ ）没申请 ③（ ）不符合 ④（ ）正办理	没享受的原因： ①（ ）不知道 ②（ ）没申请 ③（ ）不符合 ④（ ）正办理	没享受的原因： ①（ ）不知道 ②（ ）没申请 ③（ ）不符合 ④（ ）正办理

临时救助	就业救助	社会帮扶捐赠	其他
(1)（ ）享受了	(1)（ ）享受了	(1)（ ）享受了	金额　元
金额　元	金额　元	金额　元	请注明：
(2)（ ）没享受	(2)（ ）没享受	(2)（ ）没享受	
没享受的原因： ①（ ）不知道 ②（ ）没申请 ③（ ）不符合 ④（ ）正办理	没享受的原因： ①（ ）不知道 ②（ ）没申请 ③（ ）不符合 ④（ ）正办理	没享受的原因： ①（ ）不知道 ②（ ）没申请 ③（ ）不符合 ④（ ）正办理	

15. 您认为造成您家生活困难的主要原因是什么？（可多选）

①（ ）土地收入太少　　　　　②（ ）劳动力不足

④（ ）家人病残，无劳动能力　⑤（ ）家中赡养人口多

⑥（ ）孩子上学费用高　　　　⑦（ ）家中亲友无力接济

⑧（ ）外出务工企业拖欠工资　⑨（ ）养老保险金太少

⑩其他（请注明_____）

最重要的三个原因（用序号）：第一位_____

第二位_____　　第三位_____

16. 您家目前最迫切需要解决的问题是什么？（从以下列出的问题
中从中挑选三项并排序）

①（ ）有稳定收入　　　　　②（ ）外出务工企业不给开支

③（　）土地或养殖收入太低　　④（　）子女上学

⑤（　）住房　　⑥（　）看病　　⑦（　）家人需要照料

⑧（　）其他（请注明_____）

第一位_____　　第二位_____　　第三位_____

17. 您觉得你们家平均每月最少的生活开支要_____元

18. 您能够按时足额领到低保金吗？

①（　）能按时足额　　②（　）足额但不准时

③（　）准时但不足额　　④（　）既不准时也不足额

19. 您家的低保金是通过什么方式领取的？

①（　）到村居委会领取　　②（　）到乡政府领取

③（　）直接从银行卡上　　④（　）到邮局领取

⑤其他方式（请注明_____）

20. 您觉得目前的低保标准能够满足最基本的生活需要吗？

①（　）完全能够　　②（　）勉强度日　　③（　）仅能糊口

④（　）不能满足　　⑤（　）差得太远　　⑥（　）不清楚

21. 如果低保金不能满足需要，您用什么办法填补？（可多选）

①（　）找份工作　　②（　）靠父母贴补

③（　）靠其他亲友接济　　④（　）做个小买卖

⑤（　）减少日常开支　　⑥（　）借债度日　　⑦（　）打零工

⑧（　）想其他办法（请注明_____）

22. 您觉得您家的生活比三年前是有所起色还是更不好？

①（　）大有起色　　②（　）有点起色　　③（　）差不多

④（　）水平降低　　⑤（　）差得很多　　⑥（　）不清楚

23. 您觉得您家的生活三年以后会有所起色还是更不好？

①（　）大有起色　　②（　）有点起色　　③（　）差不多

④（　）水平降低　　⑤（　）差得很多　　⑥（　）不清楚

24. 您认为政府核定的您家的收入水平是否合适？

① （ ） 太高了　　②（ ） 差不多

③ （ ） 太低了　　④（ ） 不清楚

25. 您知道在领取低保金之前您家的情况被张榜公布了吗？

① （ ） 看见了　　②（ ） 听说了　　④（ ） 不清楚

26. 您家的经济情况被公布您能够接受吗？

① （ ） 能够接受　　②（ ） 没意见

③ （ ） 无所谓　　④（ ） 心里有点不好受

⑥ （ ） 没想过

27. 您是如何看待领取低保金的？

① （ ） 这是公民的权利　　③（ ） 政府的钱，不拿白不拿

④ （ ） 不想拿，但没有办法

⑤ （ ） 没想过　　⑥（ ） 其他（具体_____）

28. 您认为现在有没有不该得低保的人得到了低保？

① （ ） 很普遍　　②（ ） 有一些　　③（ ） 极少数

④ （ ） 基本没有　　⑤（ ） 根本没有　　⑥（ ） 不知道

29. 您认为现在有没有该得低保的人没有得到低保？

① （ ） 很普遍　　②（ ） 有一些

③ （ ） 极少数　　④（ ） 基本没有

⑤ （ ） 根本没有　　⑥不知道

30. 在怎样的情况下您会主动退出低保？（可多选）

① （ ） 家庭人均收入超过低保标准

③ （ ） 虽然收入略低于低保标准但过得去

④ （ ） 有了稳定的收入

⑤ （ ） 不会主动退出

⑥ （ ） 其他情况（请注明_____）

31. 您从提交申请到领取低保金，大概花费了多长时间？

① （　） 40 天左右　② （　） 41—50 天　③ （　） 51—60 天

④ （　） 61—70 天　⑤ （　） 71—80 天　⑥ （　） 80 天以上

32. 您会按规定向乡或村委会报告家庭收入吗？

① （　） 报告过　② （　） 没有报告　③ （　） 不知道要报告

33. 2010 年上半年，下列哪个机构曾经到您家核实家庭收入吗？（可多选）

① （　） 没有任何机构　　② （　） 村委会　　③ （　） 乡镇

④ （　） 县（区）民政局　⑤ （　） 市民政局

⑥ （　） 其他机构（请注明_____）

34. 您对您接触过的低保工作人员的总体看法是：

① （　） 认真负责　　② （　） 非常辛苦　③ （　） 热心助人

④ （　） 态度不好　　⑤ （　） 优亲厚友　⑥ （　） 不清楚

35. 你对低保制度的总的评价是

① （　） 非常满意　　② （　） 满意　　③ （　） 一般

④ （　） 不太满意　　⑤ （　） 非常不满意

36. 2010 年上半年您为寻找收入采取过以下行动吗？（可多选）

① （　） 外出务工　　　　　② （　） 参加各种招工招聘会

③ （　） 种植经济作物　　　④ （　） 委托亲友介绍工作

⑥ （　） 想找工作，但未行动

⑦ （　） 其他情况行动（请注明_____）

37. 您认为您目前离开农村外出找工作难的主要原因是什么？（可多选）

① （　） 年龄偏大　② （　） 身体不好　③ （　） 文化程度太低

④ （　） 没有技术　⑤ （　） 性别障碍　⑥ （　） 没有合适工作

⑦ （　） 要照顾好孩子/老人/病人

⑧（　　）其他原因（请注明_____）

38. 您考虑过去外地找工作吗？

①（　　）考虑过并且有行动　　②（　　）考虑过但没有行动

③（　　）没有考虑过　　　　　④（　　）根本不考虑

39. 如果不考虑去外地找工作，原因是什么？（可多选）

①（　　）人生地不熟，心里没有底

②（　　）找不到说得过去的工作

③（　　）经济成本太高　　④（　　）担心在外受欺负

⑤（　　）生活上会不习惯　　⑥（　　）家中有人需要照顾

⑦（　　）其他原因（请注明_____）

40. 如果政府给予资金和政策上的支持，您愿意考虑出外打工吗？

①愿意　　②不愿意

41. 如果不考虑，原因是什么？（可多选）（46题答④的请回答，答①、②、③的不用回答）

①（　　）没有干过，心里没有底　②（　　）找不到合适的机会

③（　　）经济成本太高　　　　　④（　　）担心赔本

⑤（　　）政府的限制太多　　　　⑥（　　）没有这方面的能耐

⑦（　　）其他原因（请注明_____）

我们的调查结束了，再次感谢你的支持！

如果方便的话，您可以留下您家的电话号码吗：_____

附录 2

访谈提纲 1　民政干部的政策访谈及记录

2009 年 6 月 14 日（第一次）

地点：×××民政局会议室

调查内容：沈阳市农村低保概述

1. 政策调整——低保标准的调整

从 2005 年到 2010 年沈阳市低保标准调整共四次

①2005 年 7 月 1 日沈阳市农村最低生活保障标准为 800 元/年（新民、辽中、康平、法库，简称"三县一市"）

其他地区为 1000 元/年

②2007 年 1 月 1 日原来的 800 元/年调整到 1000 元/年

1000 元/年调整到 1200 元/年

③2008 年 1 月 2 日原来的 1000 元/年调整到 1200 元/年

1200 元/年调整到 1500 元/年

④2010 年 1 月 1 日原来的 1200 元/年调整到 1800 元/年

1500 元/年调整到 2300 元/年

2. 低保金的发放 2008 年以前是每季发放一次，2008 年后委托当地农村信用社。低保户一户一折，由民政部门打入个人账户，按季度来发放。

2010 年低保金最高为 120 元每月每人（市内五区），最低为 40 元每月每人（辽中），法库为 50 元每月每人，苏家屯为 80 元每月每人。

3. 沈阳市农村收入标准很难评估，没有办法来划定一个统一的标准的固定的收入线，实际收入证明很难，因为农民的收入不像城市有工资收入有固定的收入。判断农民收入要"因地因人"而异。

4. 沈阳市农村最低生活保障制度的前身是贫困户救济，定期定量救济。

5. 2010 沈阳市农村低保救助对象分为三类

长期困难的人均 260 元每月，一般困难的人均 240 元每月，普通困难的人均 220 元每月。

6. 目前沈阳市共有低保户 8700 户

国家财政每年补贴 2329 万元。2005 年以后，农村低保补贴费用中，国家财政补贴外，不足部分由市、县各负责一半。除转移支付外，省级财政补贴给予一定数量的低保金补贴，金额为 1000 到 2000 万不等。即：总低保支出 – 2329 万元（国家财政部分）= 市级财政处 + 县级财政补贴，以下为近年来沈阳市农村低保支出：

2005 年　1328 万元

2006 年　2730 万元

2007 年　4224 万元

2008 年　6000 多万元

2009 年　7000 多万元

2010 年　9460 万元

由于沈阳地区经济状况良好，不存在资金发放不到位的问题。

7. 目前沈阳市农业人口为 48000 户，95000 人，农村低保户占农业人口的 3.6%，月人均补贴 67.52 元（发放到个人手中，2005 年建立农村低保是月人均补贴为 27 元）。

8. 目前低保户中老年人占三分之一，其余的为"因病因灾因残"致贫的，这也是主要原因。

9. 低保对象的确定，近年来收入逐步透明化，有个系统的软件，上海、深圳等地在运用，它能更客观的评测低保对象。

10. 负责低保工作的部门情况：

在民政局有低保科，乡镇有民政办，职能比较混乱。

2007 年开始每年财政给乡镇 10000 元，招 2 名"农村低保专管员"负责低保工作。在各个村，村主任或会计兼任农村低保干事。农村低保管理人员较少，2005 年时市民政局仅 1 人负责农村低保工作。

沈阳市从事农村低保工作的人员总数为：152（乡镇数）× 2.5 人（每个乡镇平均为 2.5 人）+ 16（16 个县）× 1 = 396 人

农村低保的办公情况：2005 年建立时一个乡镇配备一台电脑，打印机等办公设备。

11. 农村低保申请程序：

每年 4 月到乡镇政府提出申请，由乡镇政府下达申请书，进行核查，然后村里进行审查，进行公示，两次公示，一次 5 天。

12. 农村低保无动态管理，一年 2 次审查，第二次对符合条件的新的困难户审查。

13. 五保问题

五保供养分为集中供养（敬老院）和分散供养（家）。

沈阳市五保和低保分开，只能享受一种。对农村贫困人口分为低保户和五保户。

14. 目前沈阳市农村低保不合理的地方

①脱离不了传统的救济模式，政府大包大揽，而国外由一些 NGO 组织来承担，国外是按需来给。在低保工作中常出现"关系保、人情保"等现象。

②家庭收入核查为低保工作的关键，也是难点，怎么认定，如何核查时核心问题。

很多符合低保条件的人却因为低保制度的条条框框而享受不到低保，我们在家庭收入核算环节应本着"因户因地因人"来确定，机械的认定家庭收入，无法认定家庭贫困的原因。

③关于低保标准的问题

应根据家庭状况、财政状况来确定，低保标准应该是动态的，每年要进行调整。

④农村低保缺乏工作条件，单靠基层人员走访，工作量大，应配备专职的工作人员。

⑤关于低保资金问题

应根据各市状况来倾斜，对困难大的地方应多倾斜下。

⑥低保制度各项条款基本由市委市政府决定，行政化比较严重，统计口径主要以民政局和统计局为准，难免会与当地的实际情况有出入。

⑦农村的贫困应从根上去找，应努力去脱贫。而且随着生活水平的提高，农村低保人数并没有减少，反而增加。国家在不断增加支出，人数在上升，所以落实到个人身上的资金还是有限。还是低保制度有问题。

15. 农村低保户享受的制度待遇

①低保边缘体的救助

②特困居民医疗救助制度（特困居民在享受农村合作医疗后，享受二次补贴，补贴金额不超过 5000 元。2007 年财政提供资金 2000 万，

2008 年与城市共用为 4000 万）

③贫困户建房制度，标准为 25000 元户

④ "两节" 救助金（沈阳市为 400 元每户）

16. 农村低保边缘户政策

目前沈阳市有低保边缘户 8780 多人，4000 多户。低保边缘户只享受政策，比如 "两节" 救助，边缘户拿到的为救助金的百分之六十。还有医疗救助，就业、临时、住房等补贴等。

17. 农村低保救助对象

主要有三类人：一是老年有病，无劳动能力的人。二是因病致贫的人。三是因灾致贫的人，失去了主要的劳动能力。

附录 3

访谈提纲 2　关于社会救助制度及最低生活保障的政策访谈

访谈时间：

2010 年 6 月 21 日（第二次）

访谈地点：××市民政局会议室

××××大学××会议室

受访人：××市民政局社会救助处工作人员（2 名：处长、主管工作人员）

访谈人：课题组主持人、参与人以及硕士研究生

1. 问题意识——失业救助

领取失业保险时需要拿停保单、公司出具的合同终止证明，身份证等到户籍地的街道办理失业登记，再到所属区域的劳动和社会保障局按要求办个卡，以后每个月到社区签字，然后失业保险打到你的账户里。如果交纳了 3 年失业保险（已满 36 个月，不然只能按 2 年算），最多可以领取 9 个月的失业保险，也就是说，每交纳满一年，可以领

取 3 个月的失业保险，但一生中，只能最高领取 24 个月。

问题：领取失业保险期限已满但仍处在贫困线以下的失业人员如何由失业保险转为失业救助？

受访人：沈阳的政策：家庭月人均收入低于城市最低生活保障标准的，即可以享受城市低保待遇，但家庭成员有劳动能力的，社区首先会负责介绍就业，如果介绍成功，重新核算家庭收入后，可能就不够低保条件了。城市低保政策与失业保险的存续不发生关系。

2. 问题意识——户籍问题

从 2010 年 1 月 1 日起，沈阳取消农业和非农业户口性质划分，户口统一登记为"居民户口"，实行"一元化"户口管理制度，鼓励各类人才来沈落户、统一集体户口管理标准、统一购房落户标准、放宽"三投靠"落户政策等 5 项户籍改革措施。

问题：由于城乡低保标准不一致，而且政策调整的滞后性可能造成一个家庭中存在父母为农业户口、子女为非农业户口的现象，目前是否子女随父母享受低保，这种情况下的沈阳市的应对措施是什么？

受访人：这个问题，现在好像市民政局社会救助处出台了沈阳市城乡低保制度实施细则，但我不太确认。原来城乡混合的，城市户口享受城市低保待遇，农村户口享受农村低保待遇；现在我理解，从制度设计上，由于城乡低保标准不统一，计算方法上还会沿袭过去的办法。

3. 问题意识——新农保

沈阳全市户籍人口 819.6 万人，市区人口 615.4 万人，行政区划共 9 个市辖区（和平、沈河、皇姑、大东、铁西，东陵·浑南、于洪、沈北、苏家屯），一个县级市（新民市），三个县（辽中、康平、法库），沈阳 60 岁以上老年人达 123 万，占全市人口总数的近 17%。2011 年 7 月 1 日开始推行新农保，250 余万农村居民享受养老社保待遇。

参保农村居民每年分 100 元、200 元、300 元、400 元、500 元五档缴养老金；

60 岁以上老人每个月可直接享受 55 元基础养老金；已拥有城镇社保的农民工不必再入新农保。

例如：每年缴纳 1000 元；集体村镇给予 30% 的补助；政府每年给补贴 30 元；中国人民银行一年期利率按照 3.5% 左右。

问题：在实施新农保以后，原来享受低保救助的农村老年人有可能退出低保而过渡到新农保，这样的话，我们沈阳市是如何计算这类老人的新农保缴费年限？以前享受低保救助的年数可否看作视同缴费年限？另外，新农保的基础养老金可能与之前的低保金金额相近，您如何评价新农保对这类老人的保障效能，新农保与农村低保制度如何才能有效衔接？

如图：

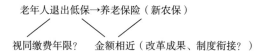

受访人：可以给你一个观点，理论上的制度设计应该是：政府为低保家庭的所有保险买单，因为低保金涵盖的只是低保家庭的基本生活需求，并不包括其他保险类等等。但政府制定各种救助和保障政策并未考虑这一点，而是让低保户承担一部分，政府补贴一部分。这个就是制度设计上的矛盾之处了。论文中可提出这个观点的。

4. 问题意识——农民工

三类农民工：第一类，有雇主且职业稳定，有固定收入。这类民工大多数已在城市定居多年，与城市居民已无二致。第二类为有雇主但职业不稳定、也无固定收入的农民工。这类农民工一般流动性较强。第三类为无雇主的农民工。有专家指出，中国城市中没有户口的农民工贫困人口是城市贫困人口的 1.5 倍。2011 年中国未纳入救助城市贫困人口约为 5000 万人，以此推算，中国城市中农民工贫困群体将达到 7500 万。这样一个庞大的群体既不能享受农村低保，又不能享受城市低保，可他们的生活却要继续，而且他们要和城市市民一样承受着通货膨胀及物价的上涨。

问题：针对沈阳本地外出的农民工贫困家庭有什么救助措施？外地来沈阳的农民工贫困家庭有什么救助措施？农民工有什么不同于其他贫困群体的单独救助措施？

受访人：这个观点我并不认同，专家的观点有时并不可信。你想，既然能离开家出来打工，就一定具备劳动能力，在城市中，一个具备劳动能力又可以吃苦的人，并不存在找不到工作，理论上贫困农民工如果存在，也只存在于一个相对贫困的范畴内，并达不到享受低保政策的条件，这点我并未进行实际研究，但根据经验我认为应该是这样的。

沈阳本地外出的农民工贫困家庭，从理论上并不存在，个例会存在，但并不具备普遍意义。

外地来沈人员，在沈阳只可以享受针对突发状况的临时救助。

个人观点：论文中不适合研究这个问题，农民工问题更多的并不是贫困问题，这个你仔细想或者可以想明白。

5. 问题意识——低保制度一体化问题

问题 1：沈阳"城乡救助管理制度一体化"现在有什么进展（机构设置、人员配置、资金发放、监管手段等）？

受访人：刚才说了，好像出台了城乡低保一体化的制度。但给你一个观点，制度的一体化，并不代表是真正的一体化，真正的一体化应该是标准的一体化。给你举个例子，全国九年制义务教育应该算是早就一体化了，但城乡的教学条件、师资力量等等差距甚大，这是不可以算作一体化的，是吧。一体化的出发点应该是公平、公正这类的东西，但在制度设计上，却成为形式化的东西了。一个理论依据应该是这样的，城乡居民的基本生活支出基本是接近的，这个我曾经做过调研，特别是贫困家庭范畴内。你可以适当探讨。

问题2："社会救助城乡一体化"与"社会救助的城乡统筹"这两种说法哪个更为准确？为什么？

受访人：呵呵，这个问题，你得自己上网查了，官方的语言比较丰富。我理解，一体化是从条件和标准上的具体制度设计；城乡统筹，好像是指城市和农村要放在一起考虑，别扔下一方。如果从救助资金的上看呢，财政局城市和农村的账户是分开的，统筹之后，是不是就放到一起了？这个我不太清楚了，自己努力查吧，估计没谁说得清，不用问别人了。

6. **问题**：城市社会救助现在最突出的问题是什么？

受访人：申请低保家庭的收入核定是个老大难问题了，隐性收入难以核查，现在好像正处于解决阶段，弄了一个收入核对系统，不知道成没成功呢；骗保问题比较突出，没有相应的法律手段治理；大点范围的呢，就是社会救助政出多门，各行其事，未形成一体化的模式。然后再研究一下，社会救助的福利化倾向。从沈阳来看，制度设计上社会救助已经向福利化方向发展了，这可能会产生一个社会公平问题，感觉并不太适合中国国情，救助和福利必须明确区分，否则对劳动来说，是不公平的，也在一定程度上产生一个矛盾吧。

7. **问题**：农村社会救助中的各项制度如何衔接与整合（"低保""五保"救助、"特困户"救助、"扶贫开发"等)？

受访人："五保"政策严格来说并不是救助政策，而是福利政策，其待遇远高于救助标准。现在并没有特困户的说法了，贫困人口在沈阳就两个层次：一是低保户，二是低保边缘户。扶贫开发是大的范畴了，针对一个贫困地区的发展提供项目，多数会以提供工作的形式对个人，并不只是给钱给物。

8. **问题**：当前的医疗救助、教育救助、职业培训等专项救助在提升贫困者人力资本方面究竟发挥了多大效力？下一步如何加强？

受访人：这个比较复杂啊，总体来说，医疗和教育救助做的都不错。但医疗救助显然存在问题，并不能满足贫困人口的需求，这个问题，其实在中国是无法解决的，因为职工医疗保险和社会医疗保险的额度和条件都限制住了，救助是不可能高于他们的。制度设计的问题了，改变不了。教育救助主体是减免学费上，制度设计还算合理。但高校的学费主要是各校自主减免，力度不一。最主要的教育救助体现在义务教育阶段。这三项都不在民政局。

9. **问题**：针对低保边缘户有什么救助政策？

受访人：低保户的救助，边缘户都有，但额度是低保户的60%。

10. **问题**：如何认识低保户的捆绑福利？怎样消除"低保身份化"的福利标签？

受访人：刚才说到一点，一个是救助标准要科学控制，不宜过高；二是机构设置上要归口管理，统归民政；三是得想办法改变享受低保待遇光荣这个状态，这得从社会大的观念上来研究了，意识形态的东西了，也可以说是公民责任或者道德范畴内的。这个问题还得你多做思考了，肯定不只限于此的。

11. **问题**：有什么针对"人情保""关系保"的应对措施？家计调查怎样落实到位？

受访人：这个问题，咋说呢，好像根本解决不了。中国现状啊，谁能改变，办什么事情不得找人。人情啊，关系啊，说到底就是腐败呗，利用职权把不合条件的给办了。记得很多年前，看过一篇文章，腐败已成为国人的生活方式！嘿嘿，措施啊什么的都有，但有什么用。法律不碍乎人情，何况一个规范性文件呢。所以，建议这个问题别做讨论了，不适合。

12. **问题**：如果要实施"分类救助"，应该怎么分类（贫困程度、人员身份）？

受访人：这么细的，别在论文中研究了。

13. **问题**：当前社会救助改革究竟要改什么，出路究竟在哪？

受访人：不能谈出路在哪儿，因为中国的社会救助本身的状态还算可以，也没走到死胡同，谈改革也有点过，我感觉要说可以说是改进，更科学合理公平公正，这是个方向。

一是改变救助主体多元化模式，由民政统一管理；

二是改变城乡二元模式，走城乡一体化之路；

三是从概念上厘清基本生活救助和其他专项救助的关系，而且要弄清如养老保险医疗保险这些专项救助的钱应该全由政府买单，因为基本生活救助的钱只用来保障基本生活，解决制度上的矛盾；

四是加大专项救助的力度，现在的问题是专项救助的力度虽然还算可以，那只是比以前进步了，根本力度还是不够，比如低保家庭的子女上大学，学费应该全免，应该由政府补贴还是慈善机构出资？医院救助对于大病救助这一块无法从根本上解决问题，应该怎么办？

五是探讨一下社会力量也是民间公益性组织救助的路径，政府怎么引导成立公益性组织并开展救助活动。

六是探讨一下各种公司企业或者社会机构，是不是应该承担一些帮助低保家庭有劳动能力人员就业的义务，政府可以从税收的政策方面给予适当优惠。

七是探讨一下如何科学合理地制定救助标准，包括低保标准和专项救助标准。

14. **问题**：沈阳城乡最低生活保障的特点是什么？城乡交界处的城乡低保制度的问题包含制度不统一、城乡混居、低保家庭新生儿的制度归属等等是如何解决的？

沈阳城乡低保人口中老年人口、残疾人口、妇女儿童的比例占多少？拥有老年人口、残疾人口的家庭户数大约有多少？

受访人：这几个问题吧，感觉过细的问题，论文中不宜研究。另外，给提个建议，不知道对不对，呵呵，仅供参考。就感觉吧，论文不要研究那么多国外的那么多东西，如果看的人都知道，你再写出来，就一点意义也没有。我的建议就以沈阳为样本，进行研究，全国各地的政策不一。提供一个我写东西的思路给你：一是现状；二是存在问题；三是比较研究（分析，可以和国内国外的专家比较）；四是得出结论，形成制度框架。

附录4

访谈提纲3　农村低保工作人员访谈

访谈对象：基层从事低保工作人员：区民政局、乡镇民政专干、村干部

（一）访谈提纲（面向区民政局工作人员）

（访谈前了解访谈对象的个人情况）

1. 了解本区民政局的低保管理的部门情况。

2. 了解本区农村居民的贫困情况。

3. 了解本区农村最低生活保障制度的整体执行情况：如农村低保对象确定的原则、农村低保对象的审核工作、本区农村低保的标准、农村低保资金的来源、农村低保对象的动态管理、农村最低生活保障的配套政策等。

4. 现阶段本区面临的农村最低生活保障制度的主要问题，针对这些问题所采取的具体解决对策。

5. 本区解决农村贫困人口问题的思路。

（二）访谈提纲（面向乡镇民政专干、村委会工作人员）

（访谈前了解访谈对象的个人情况）

1. 乡镇、村人口、经济等整体的情况，重点介绍一下贫困户的基本情况。

2. 乡镇、村农村最低生活保障制度实施的整体情况（现状、问题）。

3. 乡镇、村在低保对象的确定、低保家庭收入的核准等具体措施。

4. 乡镇、村，如何解决在低保对象确定过程中优亲厚友、裙带关系等问题的应对方法。

5. 乡镇、村，如何解决低保对象的闹访问题。

6. 实施低保政策后，本乡镇、村的贫困户生活状况是否有所改善。

7. 乡镇、村，现阶段在农村最低生活保障制度实施过程中存在的主要问题，针对这些问题你认为应该如何处理。

访谈提纲4　贫困户访谈

访谈目的：

了解被访谈户的家庭基本状况、贫困程度、心理状态、对救助政策的希望和要求、找出该地区贫困的特点。

访谈步骤：

首先走访村干部（村的整体贫困状况，如贫困户占总户数的比率、贫困户中外出打工人数的总数），最后走访贫困户。

访谈内容：

1. 询问家庭成员的基本情况

家庭中人口数、年龄、教育程度，家庭成员有无生病的、有无出外打工的家庭成员，如果孩子处于上学年龄，孩子的教育情况。

2. 家庭基本情况

家庭收入、人均收入；基本的家庭生活设备拥有情况，如有无电视、冰箱等家用电器、新旧程度等；日常花销的分配情况，吃、穿、住、行大致的花销比例；营养摄入情况，如多长时间能吃上肉类食品、水果、蔬菜等。

3. 健康及医疗情况

家庭成员有无生病的，如果有，是否严重、是否是慢性病？如果有，每月医药费的花销是多少，占总收入的比例，是否是造成贫困的原因？生病是否得到村里或当地相关部门在经济上的及时帮助，具体措施有哪些？该帮助是否能真正解决了一些生活困难问题？还有哪些要求或期望？

4. 孩子教育情况（专指家里有处于上学年龄孩子的家庭）

孩子是否因家庭收入经济问题而辍学？如果孩子在上学，学费是否是较重的家庭负担？是否得到相应的救助或支援，如果有，是否对此救助或支援满意？

5. 其他花销，如正常社交的花销，精神食粮的花销等。

6. 思想及心理状态

对当前贫困境遇的想法（积极还是消极）？是否认为可以通过自己的努力摆脱贫困？相关部门提供一些扶贫的农业技术，是否愿意去学？最希望得到哪方面的技术援助？

7. 对相关部门提供的救助政策的期望和要求。

访谈提纲5　农村低保对象

受访对象：低保对象（个人访谈）

1. 您家庭的基本情况（人口、年龄构成、收入、低收入原因、农地耕种情况等）。

2. 享受低保待遇的情况（何时开始享受、目前的保障标准、与最初成为低保对象的保障标准比是否有变化等）。

3. 您对现阶段的低保政策的了解情况，如：低保对象的确定、低保标准的确定、低保标准的调整等政策。

4. 是否知道成为低保对象的程序有哪些，对确定低保对象的方法是否满意。

5. 您认为现行低保标准能否满足您的生活基本需求。

6. 享受低保之后与享受低保之前对您家的生活是否有改善。

7. 您认为现阶段的低保政策存在哪些问题，您希望政府在哪些方面需要改进。

8. 请您对现阶段实施的低保政策做个总体评价。

附录5

调查实施方案

一 上午 9：30 分，到达 × × × 区民政局

与区民政局农村低保相关负责人进行访谈，主要了解农村低保政策在 × × × 区当地实行的状况。具体访谈问题如下：

1. 区低保政策的调整阶段

2. 低保资金的来源或资金的构成、资金的筹集水平

3. 各级财政负担比例（当年、前一年），各级财政具体补贴额度

4. 对特困户的救助金有多少？当地贫困人口如何计算？

5. 是否有专项资金用于低保基金？

6. 当地农业人口是多少？占总人口的比例

农村低保户人数是多少？低保人数占农业人口的比例

每户低保人均人口？

7. 人均救助额度是多少

8. 低保资金发放形式，什么时候开始实行社会化发放？

9. 低保金标准如何确定？依据是什么？每年的标准是多少？

10. 低保资金依据财政状况还是依据划拨的资金？

11. 调整机制存在的问题？

12. 低保救助水平

救助水平占当地农民年均纯收入的几分之几？

人均救助额？最低额多少？

人年均是多少？

城市是多少？

13. 低保对象认定的标准是什么？存在什么问题

14. 低保标准问题

①核定的标准是什么？

②凭收入确定的不合理因素？

15. 收入标准的确定

收入核定不易处理

①家庭种、养殖收入核定

②正常劳动力和弱劳动力

③家庭赡养如何计算？

16. 低保工作缺乏基本的条件

工作人员有多少？办公设备？工作经营（现行政策是什么）

17. 低保等相关政策，集中供养与分散供养

上午10：30分，结束对区民政局工作人员的访谈，做去乡里实地调研的准备。

二　下午一点，与乡农村低保负责人进行访谈

12个调研成员分成两个小组，分别对两个乡的工作人员进行访谈，了解乡里的农村低保实施情况。具体访谈内容如下：

1. 了解本乡农村人口，农村低保人口占农业人口的比重

2. 普通农民收入状况，低保户的收入来源

3. 低保对象认定标准

4. 低保的工作程序

5. 是否做到了应保尽保

6. 当地农民年均纯收入

7. 低保户月人均救助额?

8. 当地贫困人口如何计算?

三 下午 1：30 分，走入低保户家里，与低保户面对面访谈。

共 50 份问卷，走访两个乡，每个乡 25 份问卷。两个调研小组分别对两个乡的低保户进行访谈。

以每 2 人为单位对低保户进行访谈，一人负责谈话，一人负责记录。具体访谈内容参照《低保对象调查问卷》。

后　记

　　本研究成果的主体内容是国家社科基金"农村最低生活保障制度的推进政策研究"（结题号：20150030）、辽宁省社科基金重点课题"相对贫困的新内涵与长效机制构建研究"（立项号：L19WTA033）和一般课题"健康保障链式衔接的精准扶贫研究"（立项号：L19BSH007）的部分研究成果。研究成果的形成，除了课题组成员外，在最后成稿阶段，王银琳、潘琦和梁怀瑾还直接参与了研究成果的整理工作。本书的出版，也得到上述课题经费的赞助。